普 天 之 下 · 盡 是 好 書
普天出版家族
Popular Press Family
凌雲文創
A-Plus Creative Company

Wisdom of the Three Kingdoms

洞悉人性，
就是致勝的捷徑

活學活用
三國厚黑學

莎士比亞曾說：「才華智慧如不用於有用的地方，便和庸碌平凡毫無差別。造物者是個精於計算的女神，她把給予世人的每一份才智，都要受賜的人感恩，善加利用。」面對人生的各項競爭，靈活多變，適時發揮聰明才智，往往是決定勝負的關鍵。多花點心思，才能為自己開闢更寬闊的出路。要是一味死守教條，只會淪為腦袋不懂得轉彎的蠢蛋。

三國故事中的靈活思考與應變謀略，正是幫助我們洞悉人性、取得最終勝利的最佳參考書。

公孫先生——編著

【出版序】

洞悉人性，就是致勝的捷徑

人生戰場上，局勢往往詭譎多變，想要成就一番事業，必須懂得運用一些必要的手段；洞悉人性，就是致勝的捷徑。

赤壁大戰前夕，劉備和東吳雙方達成協議，準備聯手抗曹，孔明便到江東幫忙佈陣應戰。

周瑜嫉妒孔明才識過人，故意要他三天之內造出十萬枝雕翎箭，誤期則按軍令斬首，打算趁機除去心頭大患，誰知孔明卻胸有成竹地滿口答應。

就在第三日凌晨，孔明經由魯肅協助，在小船上紮起草人，趁著夜晚的霧氣划向對岸曹營，並令兵卒擂鼓助威。

曹兵眼見許多船隻臨近，船上人影幢幢，疑心敵人來攻，卻又礙於大霧出擊不便，只得站在岸上萬箭齊發，以阻敵軍來勢。

到了清晨，霧氣散去，草人上滿佈雕翎箭，諸葛亮這才命人掉轉船頭，回歸大營，成功地完成任務。

詩人白朗寧曾經說過：「一個人成功與否，並不在於如何循規蹈矩，而在於是否能在關鍵時刻用些心機。」

確實，不論我們贊不贊同，都不得不承認有些時候要點心機，往往是讓難題迎刃而解的最佳捷徑。

想在人生戰場中獲勝，除了殫精竭慮活用本身的智慧，還要設法把眼前的阻力變成自己的助力，把障礙變成向上躍昇的跳板。不管做什麼事，一定要多動動腦筋，衡量利弊得失。

如果你不願多花點心思，老是直來直往，就像光著身體上戰場，非但無法順利達成目的，還會遭遇各種預想不到的危險。

關羽出師北進，俘虜了曹操陣營左將軍于禁，並將征南將軍曹仁圍困在樊城。這時，鎮守陸口的吳國大將呂蒙稱病休養，年輕部將陸遜前去看望，兩人談論起國事兵事。

陸遜說：「關羽節節勝利，不斷立下大功，更加自負自滿，現在聽說你生病了，對我們的防範有可能鬆懈下來。他一心只想討伐魏國，如果此時我們出其不意地進攻，肯定讓他措手不及。」

聽了陸遜這番話，呂蒙立即向孫權推薦陸遜代替自己前去陸口鎮守。

年輕的陸遜一到陸口，馬上就進行「捧殺」，寫信給關羽：「您巧襲魏軍，只付出極小的代價便大獲全勝，立下顯赫戰功，這是多麼了不起的事！敵軍大敗，對我們盟國也十分有利。我剛來此地任職，沒有什麼經驗，學識也淺薄，一直很敬仰您，所以懇請您指教。」

接著，陸遜又大灌迷湯，吹捧關羽：「以前晉文公在城濮之戰中立下的戰功，也無法與將軍的戰略相比。」

陸遜的謙卑態度和吹捧詞語使得關羽更加自負、自滿，對吳國更加鬆懈放心。但事實上，陸遜正暗中調兵遣將，等到擊敗關羽的條件成熟之後便揮軍進攻，導致關羽敗走麥城。

在變動不羈的人生旅程中，我們都不知什麼時候會掉入陷阱，不知什麼時候會被出賣、會被淘汰，唯一能做的就是讓自己變聰明一點，避開各式各樣的陷阱和危險，儘快尋找到改變生命的契機。

因此，做人必須有點「心計」，既不要輕易曝露自己的想法，也不要一味以別人的價值觀念當做自己行動的基準。

人生就像是一場相撲，講究的不是蠻力，而是智慧、技巧和謀略，想要成就一番事業的人，都要懂得運用一些必要的手段。

翻開歷史，看看古今中外的成功人士，不難發現他們都有一套自己的行事謀略，而且不太顧忌別人的看法和批評，也因此，才能按照自己的意志忠實地行動。

一提起計謀，很多人都會想起《三國演義》裡的「空城計」。

當時，諸葛亮的軍隊外出運糧，只留下老弱病殘守城，忽然接到十萬魏軍來攻城，蜀軍老弱病殘，敵人強悍盛大，如此懸殊的兵力要如何頡頏？只見諸葛孔明將四個城門打開，讓老弱病殘沿城門兩邊一字形排開，自己則在城樓上撫弦彈琴。

當司馬懿十萬大軍殺來，看見城樓上的諸葛亮如此泰然自若，而且在兵臨城下的時候還氣定神閒，反而不敢再進一步。生性猜疑的司馬懿仔細思量後，即刻下令十萬大軍全部後撤，放棄進攻。

直到他弄清楚諸葛亮的計謀時，卻已後悔莫及了，這正是古代軍事史上以少勝多、以弱克強的著名戰例。

人生戰場上，局勢往往詭譎多變，讓人疲於應付，敵人的戰術往往虛虛實實，讓人防不勝防，因此，除了不斷增強本身腦力、實力之外，更要多多研讀各種人性「參考書」。

三國是一個比奸比詐的傳奇時代，英雄霸主、武將謀士、奇人能人躍上歷史舞台輪番競技，上演著爾虞我詐、鬥智鬥力的戲碼，也在一場場人性博弈中演繹出許多經典故事。故事中的靈活思考與應變謀略，正是幫助我們洞悉人性、化險爲夷的重要範例。

本書列舉了三國時期傑出人物獨特的行事謀略，在在說明想要成就一番事業，必須懂得運用一些必要的手段；洞悉人性，就是致勝的捷徑。

從現在起，不要再顧忌別人的眼光和批評了。切勿理會旁人的流言蜚語，只要保持著心靈和想法的自由，就可以像老鷹一般自由地飛翔。只要你成功了，就不會有人說你是錯的。

02. 太過聰明，只會陷入困境

要比別人聰明並不難，難就難在，聰明的人往往不明白什麼時候應該遮掩光芒，結果反倒無端為自己招來災厄。

03.

創造情勢，就能扭轉劣勢

懂得創造情勢能逆轉當前的劣勢，不但讓本身實力陡增，同時也讓對手變弱，這是在激烈的競爭中勝出的技巧之一。

04. 打破規則才能成為勝利者

要得到出其不意的勝利，就要用打破常規的方法，遊戲規則既然是人定下的，那麼也可以用人的力量與智慧加以顛覆。

05. 設法把對手變成自己的盟友

想要使難纏的對手成為自己的盟友，摸清他們的習性，然後在他們面前說出有用的語言，無疑是相當重要的。

06. 以柔克剛，才不會兩敗俱傷

以剛克剛，容易落得兩敗俱傷，面對剛烈之人，更應以己之長克其之短，而不是硬碰硬，推向玉石俱焚的危險態勢。

07. 有效地分化，讓敵人自相殘殺

想要瓦解強敵的勢力，最有效的辦法就是在對手之間製造矛盾挑起他們的猜忌，讓他們自行分化、自相殘殺。

08. 要審時度勢，更要活用情勢

關羽借水而戰，取得了輝煌的戰績，除了善於審時度勢之外，還得益於善於運用情勢。運用情勢之前，必須安排好各項部署，才能達成預期的目標。

09.

以假亂真，讓對手落入陷阱

周瑜詐假敗敵之計，許多名將都曾用過，在敵人面前，尤其是驕敵之前，或示之以弱，或示之以敗，甚至示之以死，等待敵人主動來襲，然後將計就計。

10. 活用弱點，就是致勝的關鍵

一個人若能深入了解自身的弱點，並正確地加以利用的話，弱點常可以轉成為你贏得勝利的優點。

01
PART

做人要藏心，
做事要留心

做大事時要把自己的目的、
意圖隱藏起來，
把自己內心的想法牢牢地掩蓋起來，
不被別人瞭解自己的真正企圖。

懷疑不停，不見得比較聰明

越是聰明的人則越是多疑，值得深思的是，如此「聰明」導致如此多疑的性格，對自己真的有好處嗎？這樣真的就是聰明嗎？

糊塗的人通常都只是「少一根筋」，想法少、眼界小，所以考慮起問題來相對簡單。至於聰明的人，則恰恰相反，往往把簡單的事情考慮得太複雜。

聰明的人總是在處理事情的時候考慮到各種可能性，與人交往時總是耗費心力各方懷疑，而且越聰明雜念越多，疑心病越重。

《三國演義》中的曹操就是一個十分多疑的人，也許是「心理壓力太大」的緣故吧，常常會杯弓蛇影地認爲有人意圖謀害他。

由於假借獻刀行刺董卓的計劃失敗，曹操慌忙逃出了京城。一路上雖然小心翼翼、戰戰兢兢，卻還是在經過中牟縣的時候被守關軍士拿獲。幸虧他運用機智，以一番正義的言論唬住了縣令陳宮。

最後，陳宮將曹操放了，並棄職和他一起逃跑。

兩人奔逃了三日，到了成皋附近時天色已晚。曹操對陳宮說：「此間有一人姓呂，名伯奢，是我父親的結義弟兄，咱們就去他家中歇息一宿如何？」

陳宮答道：「如此最好。」

二人至莊前下馬，叩門入見呂伯奢。呂伯奢說：「我聽說朝廷遍行海捕文書在捉拿你啊，令尊已經到陳留避禍去了，你為何跑到這裡？」

曹操將自己的經歷告訴他，並且介紹陳宮與他認識。

三人聊了一會，呂伯奢說：「老夫家無好酒，我去往西村沽一樽待客。」說完就騎上驢匆匆忙忙而去。

曹操和陳宮坐在房中老半天，忽然聽到莊後傳來陣陣磨刀之聲。曹操立刻起了疑心，對陳宮說道：「呂伯奢不是我家至親，此去十分可疑，我們應當竊聽一下是怎麼回事。」

二人偷偷摸摸轉到草堂之後，隱隱約約聽見有人說話道：「不如先綁起來再殺，怎麼樣？」

曹操說：「果然不出我所料！如果我們不先下手，必定要遭擒獲。」於是拔劍直入，一連殺死八人。

兩人搜至廚下，卻發現地上有一隻綁好了準備宰殺的豬。陳宮後悔道：「孟德，你太多心，以至於誤殺了好人啊！」

這下只能繼續逃亡了，兩人急忙出莊上馬而行。

行不到二里，只見呂伯奢驢鞍前懸掛著二瓶酒，手攜果菜回來，叫道：「賢侄與使君為什麼現在就要離去啊？」

曹操說：「我是通緝犯，不敢久住。」

呂伯奢又說：「我已吩咐家人殺一頭豬來款待你們，何不留宿一宿再走呢？快快回轉吧。」

曹操不理會他，策馬便行。

行不數步，曹操忽然拔劍折回，衝著呂伯奢背後叫道：「來者何人？」呂伯奢忙回頭看，曹操趁機揮劍把他砍倒在驢下。

陳宮大驚道：「剛才是誤殺，你現在又是幹什麼啊？」

曹操說：「呂伯奢回到家，見我們殺死多人，豈能善罷干休？如果他率眾來追或者報官，我們必遭其禍。」

陳宮說道：「明知人家無辜而故意殺死他，你這是大不義啊！」

曹操立刻以凝重的語調說出了那句流傳千古的名言：「寧教我負天下人，休教天下人負我。」

漢魏之際的著名品評家許劭，著有一本專門評鑑當時人物的名作《人物志》。據說，許劭第一次看到曹操，就下了「治世之能臣，亂世之奸雄」的評語，足見他鑑識人物的功力非凡。

《三國演義》中的這個橋段，生動地描述了曹操多疑而又殘忍的性格。

雖然現實生活中絕大多數人不至於像曹操那樣疑神疑鬼，但卻往往對與自己密切相關的事情、訊息心生懷疑。

越是聰明的人，越是多疑，懷疑得多了，難免有時候會把「殺豬」懷疑成「殺人」，把「馮京」懷疑成「馬涼」。值得深思的是，如此「聰明」導致如此多疑的性格，對自己眞的有好處嗎？這樣眞的就是聰明嗎？

能屈能伸，降低敵人的戒心

劉備能屈能伸，一旦勢力不如人，則韜光養晦，收斂銳氣，降低敵人的戒心；待力氣蓄足，一有機會則掙脫束縛，展翅高飛。

在日常工作和生活中，許多人並未深刻領會《孫子兵法》中「兵行詭道」的道理，總是過於暴露與張揚，不懂得偽裝自己，總是把自己的一舉一動都置於對手的視線之內，一點也不懂得自保的道理，更不懂得「逢人只說三分話」的重要。

有些心事帶有危險性和機密性，不能隨便吐露。例如，在工作上承擔的壓力與牢騷，或是你對某人的不滿與批評，當你滿腹怨氣地傾吐這些心事時，就有可能在他日被人拿來當做修理你的武器。

所以，無論你是公司的主管，還是一般職員，都要學會保護自己，學會隱蔽自

己，這是取得成功相當重要的方法。

活學活用三國行事謀略

曹操親率大軍戰勝呂布後，劉備跟隨曹操到都城許昌。曹操表面上雖然對劉備非常尊重，實際上卻很不放心，常派人察看劉備的動靜。

當時，被曹操綁架到許昌的漢獻帝，正下密詔組織一些人，準備誅殺曹操。劉備是漢朝宗室，也參與了這個秘密活動。為了避免曹操的懷疑，他常常關著大門，躲在院子裡種菜，裝出胸無大志的樣子。

但曹操手下的謀士程昱早看出劉備不是平凡之人，對曹操說：「我看此人志向不小，頗有點英雄氣概。如果現在不殺他，將來必成禍患。」

曹操一時拿不定主意，於是徵求另一位謀士郭嘉的意見。

郭嘉卻認為，現在正是用人之時，劉備是英雄，失敗了才投奔曹操，如果殺了他，會落得個殺害賢能的壞名聲，沒有什麼好處。

曹操認為他說得對，於是打消除去劉備的念頭。

不久，袁術因為被曹軍打敗，想去投奔袁紹。曹操不願讓袁術、袁紹兩股勢力聯合，準備派兵去攔截袁術。

一心想脫身的劉備見機會來了，趁機對曹操說：「袁術投奔袁紹必定會經過徐州，請丞相撥給我一些兵馬，在半路上截殺，保證能捉住袁術。」

曹操不疑有他，遂讓劉備帶領五萬人馬前往徐州。劉備立即匆忙率軍準備出發。關羽、張飛看到他迫不及待的樣子，不明白原因，問道：「大哥此次出征，為何如此急急忙忙？」

劉備解釋說：「我在曹操手下好像是籠中的鳥、網中的魚，一點也不安全，更無法施展自己的本事。這次出征，就好比魚兒回到了大海，鳥兒飛上了天空，可以任意暢遊翱翔，再也不會受人限制了。」

劉備剛走，郭嘉、程昱二人從外地趕回許昌。他們一聽曹操放走了劉備，急忙去見曹操。

程昱說：「先前我等曾請求您把劉備殺掉，丞相沒有聽從，如今您又給了他許多兵馬，這等於把蛟龍放回大海，把猛虎放歸深山啊。以後再想制服他，恐怕很難辦到了！」

郭嘉接著說：「雖然丞相不一定要殺他，但也不該輕易放他離去。古人說得好，一旦放跑了敵人，就會帶來無窮的後患。」

劉備果然如程昱及郭嘉所料，利用這個機會重整兵馬，積極拓張自己的勢力，最後形成三分天下的局面。

洞悉人性，就是成功的捷徑

一個處心積慮想陷害你的壞人，他瞭解你的弱點，絕對比那些只會向你逢迎拍馬的朋友要強得多。因此，從劉備的角度來看，像曹操這樣的「壞人」，又何嘗不是幫自己戒慎惶恐的另類貴人。

人在邁向成功的過程中，必須具備的堅毅特質之一，就是必須堅持自己的理想，勇敢地去面對別人的威脅。

劉備能屈能伸，一旦勢力不如人，則韜光養晦，收斂銳氣，降低敵人的戒心；待力氣蓄足，一有機會則掙脫束縛，展翅高飛。

人要掌握主動權，把自己的人生希望交由別人決定，不僅僅是危險的行徑，同時也是可憐與可悲的懦弱表現。想在爾虞我詐的人性叢林獲勝，就必須絞盡腦汁，用積極行動幫助自己闖出前進的道路。

劉備的僞裝，讓曹操誤以爲他並沒有多大作爲，豈料一時大意縱虎歸山，使劉備的勢力死灰復燃，下了一著錯棋，便難以再維持獨霸的局面。

程昱與郭嘉果然一語成讖，脫逃的劉備以曹操所撥的軍馬爲資本，加上求賢任明，實力不斷增強，最後更聯合東吳勢力，在赤壁大戰中擊敗曹操，形成三國鼎立的態勢。

懂得謙虛待人，才是真正聰明人

越是聰明的人越自以為比他人強，不僅別人的建言他聽不進去，甚至一有機會，就免不了對他人的工作、成績評判指責一番。

聰明本來是人的一種長處，但聰明賦予人敏捷的反應、出色的記憶力和理解力時，也會產生幾種流弊。

聰明的人招致他人的忌妒，是來自於外部的攻擊，至於來自本身的缺點則是，聰明往往讓人迷失了心性，造成「聰明反被聰明誤」。

自恃聰明的人，往往剛愎自用、自以爲是。至於自覺才智不足的人通常都不會堅持己見，願意附和那些所謂的聰明人。

正是因爲對自己的才智深信不疑，自以爲聰明的人經常固執己見，聽不進他人的建議，招致不好的下場。

活學活用三國行事謀略

《三國演義》之中，曹操在定軍山一戰折損了大將夏侯淵，又派徐晃、王平進軍漢水，希望挽回敗局。

徐晃率領著軍隊渡過漢水時，便命令士兵們背水列陣。他的助手王平問道：「軍隊背水列陣，如果及時想要急退，那該怎麼辦呢？」

徐晃說：「你難道沒聽過『置之死地而後生』嗎？當年韓信就是用了此計，才以少勝多，戰勝了對手。」

王平說：「當年韓信是料定敵人無謀而用此計，現今將軍你能預測趙雲、黃忠的意圖嗎？況且背水一戰乃是一步險棋，豈能輕易用之？」

徐晃卻說：「你可以引步軍押陣，看我帶領著騎兵破敵。」隨後命令搭起浮橋，渡過漢水對戰蜀兵。

王平苦諫，徐晃仍是不聽，背水紮營以後，命令士兵上前挑戰。可是，趙雲、黃忠堅守不出，不予理會。

徐晃領著軍隊從早上罵到黃昏，蜀兵就是不出來迎戰。於是，徐晃教弓弩手向前不斷射箭，準備回營休息。

另一邊，黃忠對趙雲說：「徐晃令弓弩向前射擊，必定是要退兵了。咱們分兵兩路，乘他們退兵的時機攻擊。」

不一會兒，曹兵隊伍果然撤退。隨即蜀營裡鼓聲大震，黃忠領兵左出，趙雲領兵右出，兩邊同時對曹兵進行夾攻。徐晃的軍隊餓了一天，人困馬乏之際，又正在退兵，哪裡禁得住蜀兵精銳的攻擊？最後，曹軍被殺得大敗，逃跑的士兵被逼入漢水，一時死傷無數。

徐晃死戰得以脫逃，回營就質問王平道：「你看見我的軍隊身陷危機，為什麼不前來救援？」

王平說：「我若前去救援，本營也不能保了。我早就勸你不要背水列陣，你就是不聽，以致打了敗仗。」

徐晃大怒，要殺王平。結果，王平半夜在軍營中放火，趁亂投奔了蜀軍。最後，徐晃只好棄營而走。

洞悉人性，就是成功的捷徑

很多人都以爲，一個擁有聰明頭腦的人學習比常人快、思考比常人清晰、判斷比常人準確，這些優越的條件足以使他在面對相同的事情時，能夠獲得事半功倍的效果，更容易取得成功。

但是，社會現實卻常常並不是如此。

聰明固然有許多好處，但同時也帶來了許多害處，其中最大的兩個害處是：第一，聰明人過於相信自己的能力，導致自負、自大、自我膨脹。第二，聰明人常常表現得高人一等，容易招致嫉妒和排擠。

很顯然，徐晃自作聰明，以爲「背水一戰」的模式可以套用，當王平提出合理的建議時，又剛愎自用不予考慮，結果終於打了敗仗。

越是聰明的人越自以爲比他人強，不僅別人的建言聽不進去，甚至一有機會，就免不了站在「老師」的立場，對他人的工作、成績評判指責一番。這種「好爲人師」的心性往往令他人深惡痛絕。

從徐晃的故事可以知道，自以爲聰明，聽不進勸諫的人，往往會招致失敗，結果害了自己。

做人要藏心，做事要留心

做大事時要把自己的目的、意圖隱藏起來，把自己內心的想法牢牢地掩蓋起來，不被別人瞭解自己的真正企圖。

美國總統林肯曾說：「如果我們能夠了解我們的處境與趨向，那麼，我們就能更好地判斷我們應該做什麼，以及怎樣去做。」

平時常常鍛鍊自己的腦力，思索自己置身的環境，以及如何應對突發狀況，這些模擬就會成爲你克敵致勝的秘密武器。

想要擺脫眼前不如己意的困境，就必須下定決心徹底分析自己的處境，充分明瞭自己和對手的優勢與劣勢，然後才能設定往哪個方向突破，以最有效率的方式反敗爲勝。

活學活用三國行事謀略

《三國演義》中有一段「青梅煮酒論英雄」的經典橋段。

當時，劉備落難投靠曹操，曹操很寬容地接待了劉備。可是，劉備豈是甘心久居人下的角色?他在許都住了一段時間，參加了國舅董承等人發起的「暗殺計劃」，在所謂的衣帶詔上親筆簽名，準備聯合反曹。

但劉備畢竟做賊心虛，害怕曹操發現他的陰謀，於是整天在後園裡面種種菜、澆澆花，以此來迷惑曹操，想讓曹操放鬆對自己的注意。

有天，曹操邀請劉備到相府飲酒。剛一見面，曹操就說：「玄德，你在家做得好事！」這番語焉不詳的話嚇得劉備面如土色。

曹操又說：「你學種菜可真是不容易！」

劉備這才放下了心，回答說：「只不過是沒事消遣罷了。」

曹操說了一會自己當年「望梅止渴」的經過，說道：「現今梅子正青，不可不賞。又值煮酒正熟，所以特地邀你來我這裡作客。」

兩人來到一個小亭，在裡面坐好，你一盅我一盅地喝了起來。酒至半酣，忽然陰雲漠漠，驟雨將至。因常言道，雲從龍，風從虎，曹操來了興致，對劉備說：「使君知道龍之變化嗎？」

劉備說：「願聞其詳。」

曹操說：「龍能大能小，能升能隱。大則興雲吐霧，小則隱介藏形；升則飛騰於宇宙之間，隱則潛伏於波濤之內。方今春深，龍乘時變化，就彷彿人得志而縱橫四海。龍之為物，可以用世間的英雄和他相比。玄德，你久歷四方，一定知道當世英雄，不妨評論評論。」

劉備說：「我肉眼凡胎，哪裡識得什麼英雄？」

曹操說：「不要過謙。」

劉備說：「不是我謙虛，我劉備只不過是託您的福才在朝中做官。至於天下英雄，我實在知道不多。」

曹操說：「就算不識其面，也應該聽說過他們的大名。」

劉備見實在推辭不了，只好說：「淮南袁術，兵精糧足，可為英雄否？」

曹操笑說：「袁術只不過是塚中枯骨罷了，我早晚必擒獲他！」

劉備又說：「河北袁紹，四世三公，門多故吏。現在他虎踞冀州之地，部下能人極多，可為英雄否？」

曹操又笑：「袁紹色厲而膽薄，好謀而無斷。幹大事而惜身，見小利而忘命。這傢伙也不稱不上英雄啊。」

接下來，劉備又舉出劉表，曹操說他是「虛名無實」；劉備舉出孫策，曹操說他只不過是憑藉父親的遺業；劉備舉出劉璋，曹操說他是「守戶之犬」，根本不值一提。劉備接著又舉出張繡、張魯、韓遂等人，曹操鼓掌大笑說他們都是「碌碌小人，何足掛齒」？

最後，劉備只好說：「除了以上那些人以外，我實在不知道了。」

曹操說道：「所謂的英雄，應該是胸懷大志，腹有良謀，有包藏宇宙之機，吞吐天地之志才行。」

劉備說：「誰能做到這樣呢？」

曹操用手指了指劉備，然後又指了指自己，說道：「當今天下英雄，唯使君與操耳！」

劉備聞言，大吃一驚，手裡拿的筷子不覺落於地下。正好此時大雨將至，雷聲隆隆，劉備急忙抓住這個機會掩飾自己的失態，俯首撿起了筷子，說道：「雷霆的一震之威，竟至於此。」

曹操笑著說：「大丈夫也怕雷嗎？」

劉備說：「聖人云迅雷風烈必變，怎能不怕雷呢？」三兩句話就將剛才驚嚇落筷的失態輕輕地掩飾過去了，曹操於是放下對劉備的戒心。

洞悉人性，就是成功的捷徑

劉備藏而不露，在曹操面前不誇張、顯炫、吹牛、自大，裝聾作啞不把自己算進「英雄」之列，雖然在被曹操道破自己心事的一瞬間驚嚇得掉落了筷子，但馬上就急中生智掩蓋了過去。

劉備雖然有英雄之志，但如果在這種情況下顯露一點爭霸天下想法的話，曹操一定會毫不客氣地除掉他這個潛在的對手。

《易經》裡告訴我們，在做大事的時候要「含章荷貞」，把自己的目的、意圖隱藏起來，要「括囊」，像收緊一個口袋一樣把自己內心的想法牢牢地掩蓋起來，不被別人瞭解自己的眞正企圖。

顯然，裝糊塗的方式，是一個非常有效的方式。

有的時候，要用裝糊塗的方式來隱藏的，不僅僅是自己的目的、意圖，甚至是自己的聰明智慧、才幹優點。因爲這些同樣會招致麻煩，尤其是當你處於人際關係混亂複雜，又距離權力核心比較近的「高危險地帶」。

在關鍵時刻，懂得適時裝糊塗，用含蓄的方式把自己的胸懷、志向隱藏起來明哲保身，更能成就大事。

用聰明才智糊塗處世

糊塗有糊塗的好處，聰明有聰明的不足，只有該聰明時聰明、該糊塗時糊塗，方是人生大智慧。

也許有人認爲，自己在聰明才智上無法勝過他人，所以就不奢望成功，不努力就先灰心喪氣了。

其實，不聰明有不聰明的好處，正是因爲不聰明，所以心裡的想法簡單，沒有多餘的顧慮，做起事情來不一定比那些所謂的聰明人差。

事實上，有很多不聰明的人認爲自己既然不聰明，就更應該比別人更加刻苦奮鬥，反而獲得了那些「聰明人」達不到的成就。由此可見得，聰明未必是好事，不聰明也未必是壞事，只要笨鳥先飛，同樣可以取得傑出的成就。

糊塗有糊塗的好處，聰明有聰明的不足，只有該聰明時聰明、該糊塗時糊塗，方是人生的大智慧。許多「聰明人」正是因爲自己過度聰明才惹禍上身。才華彷彿一柄雙刃劍，雖然鋒利無比，但若是使用不當，也會割傷自身。

活學活用三國行事謀略

東漢末年的名士禰衡年少才高，個性狂妄，二十出頭的時候初遊許昌。那時，曹操挾天子以令諸侯，許昌是漢朝的都城，名流雲集，陳群、司馬朗、荀彧、趙稚等人都聲名顯赫。

有人勸禰衡結交陳群、司馬朗，禰衡說：「我怎能跟殺豬、賣酒的在一起呢？」勸他拜訪荀彧、趙稚，他回答道：「荀某一副好相貌，如果弔喪，可借他的面孔用一下；趙某是酒囊飯袋，只好叫他看守廚房。」

這個目中無人的愣頭青唯獨與少府孔融、主薄楊修兩人意氣相投，常對人說：「孔文舉是我大兒，楊德祖是我小兒，其餘碌碌之輩，不值一提。」由此可見他何等狂傲。

後來，孔融向漢獻帝上書推薦禰衡，掌握朝政的曹操也有召見之意。但禰衡看不起曹操，託病不願前往，還口出不遜之言。曹操於是封他當了個擊鼓小吏，藉以羞辱他。

一天，曹操大會賓客，命禰衡穿戴鼓吏衣帽當眾擊鼓為樂，豈知他竟在大庭廣眾之中脫光衣服、赤身露體，擊了一曲《漁陽三檛》，並痛罵曹操是國賊，使賓主討了場沒趣。

曹操恨禰衡入骨，但又不願殺他而壞了自己的名聲。心想像禰衡這樣狂妄的人，遲早會惹來殺身之禍，便把禰衡送給荊州牧劉表。

禰衡替劉表掌管文書，頗為賣力，但不久便因倨傲無禮而得罪眾人。劉表也聰明，不想動手殺他惹來污名，便把他發配到江夏太守黃祖那裡去。

禰衡為黃祖掌書記，起初做得不錯，後來黃祖在戰船上設宴，禰衡說話無禮受到黃祖喝斥，禰衡竟頂嘴罵道：「死老頭，你少囉嗦！」

黃祖性子急暴，盛怒之下把他殺了。死時，禰衡年僅二十六歲。

洞悉人性，就是成功的捷徑

禰衡文才頗高，如果能夠把姿態放低，謙遜處世，虛心待人，在漢末的亂世中或許可以建功立業。

可惜，他過於恃才傲物、桀驁不馴，孤身居於權柄高握的虎狼群中卻不知自保，反而放浪形骸，無端頂撞權勢人物，最後落得這般下場，也算是「性格決定命運」的又一個註解吧。

後來，魏晉政權更替的時候，司馬氏執掌了魏國的大權，「司馬昭之心，路人皆知」。司馬氏知道既然想謀朝篡位，就必須先籠絡人心，所以對當時的一些名人高士都表現出了拉攏的態度。

大名鼎鼎的「竹林七賢」就是司馬氏政權主要想要拉攏的對象。

阮籍是竹林七賢之中的一位，既不想接受司馬氏的籠絡，也不願意因此而惹禍上身，只好每天不斷喝酒，讓自己爛醉如泥，司馬氏對他的推諉也無計可施。

竹林七賢之中的另一位名士嵇康，性格更加孤傲。

嵇康酷愛打鐵，一天他正和自己的好友向秀在家中的大柳樹之下打鐵自娛，司馬氏的黨羽鍾會前來拜訪。嵇康瞧不起鍾會，又十分厭惡他的爲人，於是自顧自打鐵，對鍾會不予理會。

鍾會在旁邊站了半天，對方卻連理都不理，這讓他大感受辱。正當鍾會轉身要走，嵇康卻說話了：「何所聞而來？何所見而去？」

鍾會十分惱火，冷冷地道：「聞所聞而來，見所見而去！」然後揚長而去。鍾會和嵇康就此結下了冤仇。

不久以後，嵇康寫下了〈與山巨源絕交書〉，裡面有一些詞句觸犯了司馬氏政權的禁忌，於是鍾會就向司馬昭告發了嵇康。

嵇康先被下獄，後被斬首。

禰衡狂妄殺身，嵇康片言賈禍，這些都是給那些「聰明者」的警示啊！

有容人的雅量，才有成功的希望

不妨想遠一點、想深一點，以坦蕩的胸懷和氣度為人處世，以寬宏大量面對他人行為，才能為自己塑造出好形象，博得美名。

曹操被認爲是亂世奸雄，事實上他的肚量有時候頗爲寬大，而且他最終能夠成就功業、雄霸一方，與「忍一時之氣，顧全大局」的大度有很大關係，這點在禰衡「擊鼓罵曹」的故事中可得到印證。

當時，雖然禰衡痛罵曹操，但曹操面對禰衡放肆的態度時卻能從大處著眼，成功地克制住自己的怒氣。

此時曹操座下一片喊殺聲，要曹操除去禰衡，但曹操卻很冷靜，容忍了禰衡的行爲，因爲他深知不能背上忌才害賢的罪名，使天下能人對他望而卻步。因此，他故意派禰衡去勸說荊州牧劉表前來投降，並派手下的重要謀士爲禰衡送行。

這件事展現出曹操心思深沉，容人的雅量更爲他博得了美名。

活學活用三國行事謀略

官渡大戰前夕，建安七子之一的陳琳寫了三篇檄文把曹操本人臭罵一頓，而且還辱罵曹操的父親與祖父。曹操當時很惱怒，氣得火冒三丈。

袁紹兵敗後，陳琳也落到曹操手中，一般都人認為曹操必殺陳琳以解心頭之恨，然而曹操並沒有這樣做。

曹操敬重陳琳的才華，不但沒有殺他，反而盡釋前嫌委以重任。這種器量令陳琳非常感動，後來更為曹操出了不少計策，而天下能人看到曹操展現出的大度後，也紛紛前來投靠曹操。

也因為表現出愛才的氣度，他的麾下不少人甘心為他效死盡忠。

例如，龐德被關羽擒獲後拒不投降，寧願以死報答曹操的知遇之恩；典韋為曹操壯烈犧牲，許褚在行軍作戰時常冒死拯救曹操，使曹操多次轉危為安。

與曹操相比，同時代的吳國大將周瑜，肚量就顯得狹隘，評價就遠不如諸葛亮。

周瑜是個將才，可是沒有容人的雅量；他聰明過人、才智超群，然而嫉妒心卻極重，容不下勝過自己的人。例如，他對諸葛亮的聰明才智一直耿耿於懷，多次想陷害他卻都不成功。

赤壁大戰危在眉睫，周瑜損兵馬、耗錢糧，卻讓孔明圖了個現成，因而氣得「金瘡迸裂」。後來，周瑜用美人計，想騙劉備去吳國成親，然後加以軟禁，卻被諸葛亮將計就計，反而「賠了夫人又折兵」，又氣得周瑜「金瘡迸裂」。

最後，周瑜使用「假途滅虢」之計想謀取荊州，又被孔明識破，用四路兵馬圍攻，並寫信規勸他投降。看完信之後，周瑜仰天長歎道：「既生瑜，何生亮！」連喊數聲而亡。

由此可見，周瑜度量狹小，無怪乎連同陣營的魯肅都說：「公瑾（周瑜）量窄，自取死耳！」

適時忍讓並不是懦弱的行爲，相反的，更需要自信與堅忍的性格、遠大的目光才能做到。

日常生活中，很多人往往不知顧全大局，卻對不值一提的小事耿耿於懷，這絕對不是應對困難的好方法。這種人在與人交往的過程中，總是意氣用事、度量狹小，因此會導致矛盾更深，問題更加無法解決。

小不忍則亂大謀，不妨想遠一點，想深一點，以坦蕩的胸懷和氣度爲人處世，以寬宏大量面對他人行爲與過失，如此不但能爲自己塑造好形象，博得美名，相信也有利於事業的推展。

在人生戰場做自己命運的統帥

柯林斯在《大戰略》一書中強調：「幾乎每一個成功的戰略家，都有像棋手那樣把問題想得透徹的習慣。」

不管任何形式的對陣，對手基於各種目的，難免會放一些假話、說一些謊話，做一些虛假的動作，因此，應對進退之時要多一點慧眼，要小心綜觀全局，千萬不要爲了牟取小利而輸掉大局。

人生戰場上，情勢瞬息萬變，敵人的戰術也往往讓人捉摸不定，想打勝仗，除了不斷增強本身腦力、實力之外，做任何決策都要保持冷靜。

東漢末年群雄爭霸，曹操在消滅黃巾賊後占據兗州地區，繼而又揮師東進，準備奪取徐州。但是，兗州豪強張邈趁機勾結呂布，襲破兗州大部分地方，並占領兵塞要地濮陽。於是，曹操急忙從徐州撤兵回來，向屯駐濮陽的呂布發動反攻。

呂布十分慓悍，雙方相持日久，曹操一時無法取勝。

不久，徐州守將陶謙病死，把徐州讓給了劉備，曹操爭奪徐州的心情更為迫切，想要先取下徐州再來消滅呂布。

這時，曹操的謀士荀彧，勸諫曹操切勿急於進兵徐州，以免呂布乘虛而入。荀彧分析說：「眼下正值麥收季節，據報徐州方面已動員人力加緊搶割城外麥子，運進城去，這表示他們對可能發生的戰爭有所準備。收盡麥子，對方必然還要加固防禦工事，撤退四野居民，轉移糧草、物資。這樣一來，我們的軍隊開到那裡，勢必無法立足。對方用『堅壁清野』的辦法對付我們，到那時，攻不能克，掠無所得，不出十天，全軍就要不戰自潰……」

曹操聽了荀彧的分析，十分佩服，決定不再分兵東進，轉而專心與呂布對壘，果然大敗呂布，平定兗州。

洞悉人性，就是成功的捷徑

柯林斯在《大戰略》一書中強調：「幾乎每一個成功的戰略家，都有像棋手那樣把問題想得透徹的習慣。」

兩軍對峙，處於守勢的一方，當然不可呆呆等著別人來攻擊，但與其胡亂進攻，不如做好萬全的準備，以逸待勞。

加強自己的防禦能力自然是首要工作，接下來不但要先準備好退路，也應該預設最壞打算，萬一抵擋不住敵人凌厲的攻勢，不得不棄城退之時，也要讓敵人無法運用遺留下來的資源再來追擊。

如此，才有機會拖延敵軍戰力，制敵機先。

在人生戰場也是如此，必須預見情勢的可能發展，做好萬全的準備，才能成爲自己命運的統帥。

正視別人渴望獲得尊重的心理

高明的領導者必須正視一般人渴望獲得尊重和賞識的心理，如此一來，才能激起下屬的感遇之心，心甘情願赴湯蹈火。

要想在社會關係中如魚得水、左右逢源，光講究「八面玲瓏」是遠遠不夠的，因爲八面玲瓏只意味著圓滑、鄉愿，連誠心誠意的境界都未達到。

自己若是缺乏誠心、沒有誠意，就不可能從別人那裡得到任何情誼，只能偶爾占點小便宜，但時日一久之後，別人就會看穿你的廬山眞面目。最後，變得人人躲你，人人怕你，對你「敬鬼神而遠之」。

人情和人際關係的「資源」一旦耗盡，你就變成一條擱淺的巨鯊了，等著被水鷹和食腐動物吃掉。

因此，想要獲得別人善意的回應，與人交往之時，應該要強調「誠心誠意」，只有誠心誠意才能滿足別人渴望獲得尊重的心理。

活學活用三國行事謀略

我們都知道劉備三顧茅廬，請諸葛亮下山為自己效命的故事。當時的劉備有如喪家之犬，四處流亡依附別人，連自己的地盤都沒有著落，可以說是身處危亡之境。

但是，他卻有禮賢下士的優點，只要誰有真才實學，或具有某方面的特長，他都會不辭勞苦，親自登門拜訪，把對方奉若上賓。所以，他能找到像關羽、張飛這樣流傳古今的猛將，並以兄弟相稱，結為生死之交。

後來，他到了荊州，聽說諸葛孔明高風亮節，有經天緯地之才，並能運籌帷幄，決勝於千里之外。於是，劉備兄弟三人，一同前去諸葛孔明所居住的地方隆中草堂拜訪，試圖請出這個曠世奇才共謀大計，共創霸業。

可是，身懷奇才的諸葛亮不願輕易許諾，為了考驗劉備的誠意和決心，他故意迴避了兩次，使得隨行的關羽和張飛兩人氣得大發雷霆。

但是，劉備卻仍堅持以誠相待、以誠感人，三顧茅廬之後，終於請出諸葛亮為自己出謀劃策。

最後一次，天空下起了鴻毛大雪，諸葛亮在草堂裡酣睡，劉備等三人靜靜在門外等候。

諸葛亮深感劉備誠意十足，最後終於答應輔佐蜀漢，「受任於敗軍之際，奉命於危難之中」，從而為劉備鞠躬盡瘁，死而後已，成為禮賢下士、以誠待人的一段千古佳話。

洞悉人性，就是成功的捷徑

魅力型領導者懂得如何去吸引別人，並且激起他人追隨的意願。他們各有各的招式，其中的每一招每一式，都蘊藏著神奇的魔力，引誘、迫使追隨者爲他們效力賣命。

許多歷史的典故都告訴我們，身居高位的領導人，若能放下身段，做到禮賢下士，賢能之士就會拋頭顱、灑熱血地回報知遇之恩。

箇中緣由只在於，人人都有一顆自尊心和虛榮心，潛意識裡人人都渴望獲得別人的尊重與賞識。

相反的，如果領導人一味以手中的權力對別人呼來喚去，或是進行要脅逼迫，就會讓人敬而遠之。

正因爲如此，一個高明的領導者必須淡化自己的權勢慾望，正視一般人渴望獲得尊重和賞識的心理，如此一來，才能激起下屬的感遇之心，讓他們心甘情願地赴湯蹈火。

02
PART

太過聰明，只會陷入困境

要比別人聰明並不難，難就難在，
聰明的人往往不明白什麼時候應該遮掩光芒，
結果反倒無端為自己招來災厄。

眼睛不會騙人，判斷力卻會

不管對方究竟是「扮豬吃老虎」還是「打腫臉充胖子」，看人之時，千萬不能把感官所看到、聽到的事，就不加思索地就全盤接受。

德國著名文學家歌德曾在他的作品中寫下這樣的句子：「感官並不會欺騙人，欺騙人的是判斷力。」

我們常常說「被自己的眼睛給騙了」，不過，歌德告訴我們，很多時候，上當的並不是我們的眼力，而是我們自己的智力和判斷力！

魏國大將司馬懿出身士族，先後在曹操和魏文帝曹丕手下擔任過重要職位。到了魏明帝即位時，司馬懿已經是魏國的元老。

魏明帝死後，太子曹芳即位，史稱魏少帝。魏少帝任命曹爽為大將軍，司馬懿為太尉，兩人各領兵三千，輪流在皇宮值班。

曹爽雖然說是皇族，但論能力、資歷都跟司馬懿相差甚遠，開始的時候，還會尊重司馬懿，有事也會詢問司馬懿的意見。

後來，曹爽的心腹提醒他說：「大權不能分給外人啊！」他們替曹爽出了個主意，用魏少帝的名義升司馬懿為太傅，實際上是奪去他的兵權。接著，曹爽又把自己的心腹、兄弟都安排在重要的職位。

對於這些手段，司馬懿全看在眼裡，卻裝聾作啞，一點也不干涉。

之後，大權在握的曹爽只知尋歡作樂，過起荒唐的生活。他為了樹立威信，還親自帶兵攻打蜀漢，結果被蜀軍打得大敗，差點全軍覆沒。司馬懿表面不說，暗中密謀奪權計劃，故意推說自己有病在身，無法上朝。

司馬懿生病之事，正合曹爽的心意，但他還有點不放心，想打探一下司馬懿是真病還是假病。

有一次，曹爽的親信李勝被任命為荊州刺史。李勝赴任前，要到司馬懿家去告別，曹爽便要他順便探探情況。

李勝來到司馬懿的臥室，只見他躺在床上，旁邊兩個丫鬟正在伺候他吃粥。司馬懿似乎無力用手接碗，只能把嘴湊到碗邊喝，可是沒喝上幾口，粥就沿著嘴角流了下來。李勝在一旁看了，覺得司馬懿實在病得可憐。

過了一會，李勝對司馬懿說：「這次蒙皇上恩典，派我擔任荊州刺史，因而特地來向太傅告辭。」

司馬懿喘著氣說：「哦，這真委屈您啦。并州在北方，那裡接近胡人，您要好好防備啊！我病成這樣，只怕以後見不到您啦！」

李勝說：「太傅聽錯了，我是要去荊州，不是并州。」

司馬懿還是裝作聽不清楚，李勝只好又大聲說了一遍。司馬懿這才露出搞清楚了的表情，說道：「我年紀老了，耳朵不好，聽不清您的話。您要去做荊州刺史，這太好啦！」

李勝告辭後，對曹爽笑說：「太傅只剩一口氣，您就用不著擔心了。」

曹爽聽了，心中大喜。

公元二四九年新年，魏少帝到城外去祭掃祖先的陵墓，曹爽和他的兄弟、親信大臣全跟去了。由於司馬懿病得厲害，當然沒有人請他去。

誰知，等曹爽一幫人一出皇城，司馬懿的病就全好了。他披起盔甲，抖擻精神地帶著兩個兒子，率領兵馬佔領了城門和兵庫，並且假傳皇太后的旨意，撤去了曹爽的大將軍職務。

曹爽和他的兄弟在城外得知消息，急得亂成一團。有人獻計，要他挾持少帝退到許都，再召集人馬對抗司馬懿。但是，曹爽和他的兄弟都是只知道吃喝玩樂的人，哪裡有這種膽量？

之後，司馬懿派人去勸他投降，誆騙說他只要交出兵權，自己絕不為難他們，曹爽便乖乖投降了。過沒多久，司馬懿就以謀反罪將曹爽一夥人處死。這樣一來，魏國的政權在名義上雖然還是曹氏的，但是，實際上已經轉到司馬氏手裡了。

洞悉人性，就是成功的捷徑

司馬懿這招「扮豬吃老虎」，並非什麼了不起的計謀，他敢用這一招，或許是看清了曹爽是個庸才，親信李勝也不是精明的人物。既然如此，他就故意示弱、裝聾作啞，顯出老態龍鍾的樣子，結果真的騙過了曹爽一夥人，最後成功奪得魏國的大權。

李勝跟曹爽是被自己的眼睛矇騙了嗎？相信大家都明白，曹爽等人欠缺的不是眼力，而是洞悉人心的判斷力。他們不是眼睛有問題，而是腦袋不夠精明，才會輕易被司馬懿矇騙。

不管對方究竟是「扮豬吃老虎」還是「打腫臉充胖子」，看人之時，千萬不能把感官所看到、聽到的事，就不加思索地就全盤接受。

倘若不想重蹈曹爽等人的覆轍，在判斷任何事的時候，都要先經過一番審慎的思考再下判斷，才不至於被別人裝出來的樣子騙了。如果對方演什麼戲自己就信什麼，那就比看戲的傻子還要傻了！

太過聰明，只會陷入困境

要比別人聰明並不難，難就難在，聰明的人往往不明白什麼時候應該遮掩光芒，結果反倒無端為自己招來災厄。

法國哲學家羅爾法古曾經說：「你想得到仇人，那就表現出比其他人優越的樣子；你想得到朋友，就讓你的朋友表現得比你優越吧！」

所謂「樹大招風」，在這個世界上，只要你表現得比別人優越，就難免招來嫉妒與怨恨的情緒。因此，不要對自己的聰明沾沾自喜、刻意炫揚，萬一一個不小心，可能就會因此跌了一大跤。

人可以沒有大智慧，但是絕對不要亂耍小聰明，否則就會步上三國名人楊修的後塵，爲自己招來禍害，死得不明不白。

三國時期的名人楊修，字德祖，出身於世代簪纓之家，為人絕頂聰明，號稱「筆下龍蛇走，胸中錦繡成；開談驚四座，捷對冠群英」。

漢獻帝建安年間，楊修擔任丞相曹操的主簿，頗得曹操賞識，但由於他恃才傲物，屢犯曹操忌諱，曹操因而對他心生不滿。

有一次，他和曹操一起外出，曹操在路上問了幾件政事，楊修就按照自己的推論，把曹操有可能採取的政策記了下來。

回來後，楊修告訴手下：「你們把這幾件事準備好，預備丞相吩咐。」

結果，等曹操的政令一下來，下面的工作早已經籌備得差不多了，讓曹操感到十分驚訝。

當時，曹操曾建造一座花園。花園落成時，曹操前去觀看。看完之後，不說好也不說壞，只取筆在門上寫了一個「活」字就離開了。

屬下們疑惑不解，不知什麼意思，只有楊修理解，解釋說：「『門』內添『活』字，乃『闊』字也。丞相嫌園門太闊了！」

於是，屬下趕緊拆門重建。

花園改造完後，屬下又請曹操去看，曹操一見大喜，便問：「是誰猜透我的意思？」侍從回答：「楊修！」

曹操表面上稱好，但心底卻有些不快。

又有一天，塞北來的使者送一盒酥餅給曹操。

曹操題了「一盒酥」三個字在盒上，然後置之案頭。楊修看到後，便自作主張將餅分給大家吃了。

曹操問楊修原因，楊修答說：「盒上不是寫著『一人一口酥』嗎？我只不過是執行丞相的命令罷了。」

曹操聽後哈哈大笑，心中卻更加忌憚楊修。

曹操生性多疑，深怕別人暗中謀害自己，常對左右說：「我好夢中殺人，因此我睡著的時候，你們切勿靠近！」

有一天，曹操在帳中睡覺時，故意將棉被丟到地上，一旁的侍衛慌忙上前拾取，結果曹操馬上跳起來拔劍殺了他，之後又上床呼呼大睡。睡了半天起來後，他假裝大驚說：「誰殺了我的近侍？」

左右據實以告，曹操聽後痛哭不已，命令厚葬侍衛。

大家知道此事後，都以為曹操果真是在夢中殺人，唯獨楊修了解曹操的意圖，指著近侍的屍體嘆道：「丞相非在夢中，君乃在夢中耳！」

曹操得知計謀被揭穿後，更加厭惡楊修了。

一天，曹操想試一試曹丕、曹植兩人的才幹，一邊命令他們走出城門，一邊又派人吩咐門吏不准放他們出城。曹丕先來到城門口，門吏擋住他，他就老老實實地退回。

曹植聽到這個消息後，便請教楊修自己該如何應對，楊修說：「你是奉王命出城，如果有人阻擋，可以立即把他殺掉！」

曹植來到城門口時，門吏同樣擋住了他，於是曹植喝道：「我奉王命，誰敢阻擋！」立刻把門吏斬了，大步走出城。

原本曹操認為曹植要比曹丕能幹，但是，後來有人將實情告訴曹操後，曹操大怒，再也不喜歡曹植了。至於楊修，則在隨軍出征漢中之時，被曹操以「製造謠言擾亂軍心」的罪名誅殺。

洞悉人性，就是成功的捷徑

聰明絕頂的楊修竟落得如此悲慘的下場，正是因爲他「太聰明」了！

曹操手下雖然有許多謀士，他也有「愛才」的美名，但不代表他容得下處處表現得比他聰明的人。曹操並不是個具有崇高道德的人，他的思考是以功利、利己、圖謀天下爲出發點，誰對他造成威脅，誰就是他的敵人，就算這人是手下的謀士也一樣！

楊修的「絕頂聰明」，其實並不算是眞正的聰明，只不過耍小聰明，老子所謂「大智若愚」的道理，楊修恐怕並沒有領悟。

什麼時候該顯露才能？要顯露給誰看？必須經過深思熟慮，準確地拿捏，否則下場就會跟楊修一樣。

英國文學家查理·德菲爾曾經提醒我們：「要比別人聰明，但不要告訴人家你比他更聰明。」

這句話實在値得所有自認聰明的人好好思考。

要比別人聰明並不難，難就難在，聰明的人往往不明白什麼時候應該遮掩自己的光芒，結果反倒爲自己招來災厄。

花點心思，就能找到出路

一個美好的願景、一個美好的希望，能夠激發我們的力量，讓我們繼續在困境當中堅持下去，奮戰到成功到來。

莎士比亞曾說：「才華智慧如不用於有用的地方，便和庸碌平凡毫無差別。造物者是個精於計算的女神，她把給予世人的每一份才智，都要受賜的人感恩，善加利用。」

面對人生的各項競爭，是否靈活多變，能不能適時發揮聰明才智，往往是決定勝負的關鍵。多花點心思，才能爲自己開闢更寬闊的出路。

要是一味死守教條，瞻前顧後在乎別人的看法，只會淪爲腦袋不懂得轉彎的蠢蛋，永遠也成就不了大事。

曹操早年舉兵參與討伐董卓行動，後來擁兵自重，以漢朝丞相的名義總理朝政，逐漸統一了北方各地。

有一次，曹操率領兵馬長途跋涉去征服西涼的馬騰。馬騰手下有馬超、龐德、馬休、馬鐵等勇猛的將領，更有韓遂等謀士在一旁出謀獻策，實力非同小可。曹操和馬騰交戰多次，都經常無功而返。

一次，兩軍交戰後，曹操的大軍由於不熟悉地形而誤入歧途，走入了荒無人煙的地帶，路上沒有東西可以充饑，連水源也找不到。將士們口乾舌燥，行軍發生了巨大的困難。

處於危機之中的曹操騎在馬背上苦苦思索，最後想出了一條妙計。

他在馬上揚鞭說道：「大家別洩氣！我記得前面有好大一片梅林，樹上結滿了梅子，又甜又酸，我們趕快前去摘了吃吧！」

將士們聽到這消息後，一想到梅子酸甜的滋味，不禁猛流口水，口渴的感覺也不見了，行軍的速度更大大加快。

士兵腦子裡想的都是趕快找到梅林，吃到又甜又酸的梅子，但部隊行進了好一陣子，始終沒見到什麼梅林。

於是，士兵們心裡開始嘀咕了：「哪來的什麼梅林啊？」

不過，他們連走了好長一段路，雖然沒找到梅林，卻找到了水源，口渴的難題也就解決了。

這時，曹操才對部將們說：「其實根本沒有梅林，但梅林這兩個字卻使大家燃起了新的希望。只要有了希望，部隊就有繼續前進的動力，人就有求生的力量，也就重新恢復了戰鬥力。如此一來，距離勝利也就不遠了。」

眾將士紛紛點頭稱是。

後來遭遇了馬騰的部隊。兩軍交戰時，曹操的軍隊明顯比敵人的戰鬥力要旺盛許多。最後，終於擊潰了馬騰，一舉奠定了統一北方的基礎。

洞悉人性，就是成功的捷徑

有人認為「望梅止渴」的故事，發生在曹操追剿袁術之時。故事的梗概同樣是曹操使用「望梅止渴」的方式，讓士兵們靠著他所畫的大餅，成功地「化希望為力量」，終於支撐到了水源地，死裡逃生。這個典故也讓我們明白了在危急時刻，懷抱著「希望」會產生巨大力量。

只要充滿希望，人間就沒有永恆的夜晚，世界上也沒有永恆的冬天。所以，當我們在生存的泥濘中打滾，繁重的工作消磨我們的心志，讓我們產生懷疑、動搖，幾乎沒有辦法再繼續撐下去時，不妨多想想璀璨的「未來」，必定能為我們帶來繼續奮戰的力量。一個美好的願景、一個美好的希望，能夠激發我們的力量，讓我們繼續在困境當中堅持下去，奮戰到成功到來。

「望梅止渴」故事中，曹操的靈活思考與應變謀略，無疑是我們面對困局之時的最佳參考範例。

就算資格老，也不要倚老賣老

千萬不要高估自己，也不要低估別人，一旦倚老賣老，就容易和劉備一樣，落得讓自己既氣憤又鬱悶的下場。

單憑年齡、身分、地位或外貌，就輕易判斷一個人，是人性的重大弱點之一，如果不設法改正這種缺點，便不時會使自己蒙受損失。

相對的，以地位、功績自居，往往會成爲做出正確判斷的桎梏。

要讓一位身居高位的人忘記自己的身分，忘記自己過去取得的成績，不倚老賣老，並不是一件容易的事。

劉備原本是一位謙虛、慎行的人，但是結義兄弟關羽、張飛之死使他十分悲痛。為了替關羽報仇，劉備率領士兵浩蕩東征，大舉討伐東吳。

向東吳投降的關羽舊部麋芳、傅士仁想歸降劉備，就將劉備痛恨的馬忠殺了，並且獻上他的首級。但劉備恨他們背叛了關羽，所以連麋、傅二人也剮了，一同祭奠關羽。

東吳諸將獻計孫權，將殺掉張飛投靠東吳的范疆、張達送去給劉備，試圖息戰寧人。誰知道劉備殺了范、張兩人以後仍然怒氣不消，並且聲言，就算滅了東吳，也不足以解恨。

在這種情況下，孫權聽從了闞澤的推薦，起用年輕的陸遜為主將，統率三軍來抵抗劉備。

消息傳來，劉備問身邊的人陸遜是何許人也。

馬良說：「陸遜是東吳的一個書生，年幼而多才，頗有謀略，偷襲荊州便是他用的計謀。」

劉備大怒，非要擒殺陸遜為報仇。

馬良勸諫道：「陸遜有周瑜之才，不能輕敵。」

劉備卻說：「朕用兵老矣，豈僅不如一黃口孺子耶！」意思是說，老子我帶兵打仗十分老練，難道還怕陸遜這樣一個嘴上無毛的小屁孩嗎？

劉備被氣憤沖昏了頭，忘記了當年自己與關羽、張飛桃園結義時，也是年輕氣盛的青年。更忘了，許多戰爭中突出的著名將領，都是年輕時便崛起的，諸葛亮、周瑜就是其中的精英代表。

結果，在猇亭一戰中，劉備被陸遜一把大火燒掉連營七百里，蜀國的軍隊幾乎損失殆盡。

劉備既氣憤又鬱悶，不久以後生了重病，在白帝城將劉禪託付給諸葛亮後就鬱鬱而終了。

洞悉人性，就是成功的捷徑

劉備自恃經驗豐富，倚老賣老，但是戰爭是非常殘酷的，並不依年齡的大小、

經驗的多寡來決定勝負。

用兵之道，看誰能把握戰機、謀略得當，劉備犯了輕敵的忌諱，最終落得慘敗的下場。

倚老賣老歸根究柢是對於世界的不斷發展變化視而不見，認爲憑自己以前積累的經驗就能夠解決全部的問題。

長江後浪推前浪，一代新人換舊人，新陳代謝永遠是自然和社會的規律。因此，千萬不要高估自己，也不要低估別人，一旦倚老賣老，就容易和劉備一樣，落得讓自己既氣憤又鬱悶的下場。

爲人處世也是相同的道理，切忌用陳舊的觀點來看待問題，必須視情況改變採取不同的因應之道，萬萬不要倚老賣老。

小心有人要借你的人頭

一味唯唯諾諾依照別人指令行事的人，表面看起來似乎很安全，但事實卻不然，有時連自己的人頭被借了都還不自知。

俄國革命家列寧曾說：「我們不相信有永恆不變的道德，並且要揭穿一切有關道德的騙人的鬼話。」

人的行動，就像是一座冰山，我們所看到露出水面的一小部分，是由水底的一大部分支撐著。

我們很難洞察別人的心裡究竟打著什麼如意算盤，因此，當別人提供某些建議的時候，必須先深思熟慮，才決定採納與否。

曹操率領十七萬大軍攻打李豐，每日耗費糧食浩大，曹操想要速戰速決，無奈李豐卻緊閉城門，任憑曹軍如何叫罵，就是不出城應戰。曹操不得已，只得寫信向孫策商借糧米十萬斛應急。

曹軍包圍李豐一個多月後，眼看糧食將要用完，但是，孫策的十萬斛借糧卻還在途中，尚未運到。這種狀況下，管理糧倉的倉官王垕急忙前往稟報曹操說：「如今兵多糧少，應當怎麼辦？」

曹操沉吟了一下，另有圖謀地回答說：「當今之計，也只有用小斛分發軍糧，暫時應付燃眉之急吧！」

王垕憂慮地說：「萬一兵士們埋怨，應該如何是好？」

曹操笑著說：「沒關係，照我的吩咐去做，到時候我自有對策。」

隨即，王垕便依照曹操的命令，以小斛分發軍糧。曹操暗中派人到各個軍營去

打聽風聲，得知三餐吃不飽的士兵們怨聲載道，交相指責丞相欺騙大家。

曹操於是密召王垕前來營帳，對他說：「事到如今，我想借你身上的一樣東西來平息眾怒，你可不要吝惜才好。」

王垕狐疑地問道：「丞相想借什麼東西呢？」

曹操笑嘻嘻地說：「我想借你的人頭！」

王垕聽了這句話大驚失色，連忙求饒說：「丞相，我一切都是照你的交代去做，並沒有犯錯啊！」

曹操歎口氣說：「唉，我也知道你沒罪，但如果不殺掉你，軍心就難以穩定。你死了之後，你的妻子兒女我會妥善照顧，你就不必擔心掛慮了。」

王垕還想再申辯，曹操已轉身傳喚刀斧手：「把王垕推出帳外斬了！」

然後，曹操把王垕的人頭懸掛在高竿上面，並貼出告示說：「王垕故意用小斛分發糧米，從中盜竊官糧，按照軍法斬首示眾。」

眾士兵見狀，都認為糧米的問題原來是王垕搞的鬼，丞相當機立斷將他斬首，真是明察秋毫，怒怨開始緩解。

不久，孫策派人運來十萬斛糧米，終於解決了曹操的缺糧危機。

洞悉人性，就是成功的捷徑

其實，曹操爲了應付缺糧問題，一開始就打定主意要讓王垕成爲代罪羔羊，所以才故意教他用小斛分發糧米激起眾怨，然後再陰險地借用他的人頭來平息眾怒。

像曹操這種狡詐的人，處理事情之前，早就將後續發展推演得非常周密，但是，王垕卻不知口是心非的凶險，無法了解曹操隱藏在內心的眞正用意，才會淪爲他排除眾怒的犧牲品。

這個典故告誡我們，一味唯唯諾諾依照別人指令行事的人，表面看起來似乎很安全，不用多費腦筋，但事實卻不然，有時連自己的人頭被借了都還不自知，死得糊裡糊塗。

人絕對不要一味唯唯諾諾聽從別人的意見，必須建立自己的行事準則和價值判斷，如此才能自由自在地發揮自己的個性，爲自己開創一條康莊大道。

要施展戰術，先把人放對位置

想要成為一名成功的領導者，唯有任賢使能，各司其職，各在其位，相互呼應、相互配合，方能共同合作，共創佳績。

身爲一位領導者，能夠洞察局勢，就等於在起跑點上奪得先機，但是如果不能培養一批成效優異的團隊，想要得到最後的勝利，是相當困難的。

領導者有時就好像一個懂得安排各種精明戰術的籃球教練，如果球員沒有辦法配合，如何能夠順利得分呢？

速度不夠快、高度不夠高、假動作演技不好，戰術再高明、再完美也不會成功。更何況，若是位置安排錯誤，該打後衛的叫他打前鋒，該搶籃板的硬要他投三分球，怎麼可能打得好呢？

那麼，到底要怎麼樣才能稱之爲是優秀的領導者？

根據管理學家羅傑．福爾克所說：「經理無須在各方面都是專家，但他必須能夠理解專家們的意見，必須知道哪些事情是專家們可能做到的，哪些事情是他們幹不了的。總之，他必須有能力管理他們。」

簡單地說，就是要做好人力管理，有了適當的人才可以安插在適當的位置，輔以正確的管理方法，環環相扣的結果不僅作業效率增加，成效也更好。

相反的，如果用錯了人，將人擺錯位置，不論是高估還是低估，不只是一種浪費，還可能是一種危機。

活學活用三國行事謀略

東漢末年，陳留郡有位叫邊讓的人，在地方上很有名氣。

當時的大將軍何進想將他納為己用，但是又怕他太心高氣傲，不願意前來，於是便以軍令徵召，命他擔任令史官。

邊讓表現果然傑出，不只文章做得好，箭術也令人讚賞，與孔融、王朗齊名。

當時，在朝廷擔任議郎的蔡邕聽說邊讓在何進身邊為官，心想：「邊讓這個人才學頗為不凡，照理說應該擔任更高階的官職才對。」於是，他便親自到何進家裡去，勸說他拔擢邊讓。

蔡邕說：「我看邊讓這個人，真是才能超群，聰明賢智，心通性達，非禮不動，非法不言，實在是難得的奇才。俗語說，『用煮牛的大鍋來煮一隻小雞，水放多了，味道沒了就不好吃了；水放少了，則煮不熟，更不能吃了。』這說的是大器小用，是不相宜的。我現在憂慮的是，這個煮牛的大鍋沒有用來煮牛，希望將軍仔細考慮一下，給邊讓一個施展才能的機會。」

由於蔡邕的遊說，邊讓果然獲得擢進，累官至九江太守。

洞悉人性，就是成功的捷徑

所謂「工欲善其事，必先利其器」，意思就是說一定要選用最適當的器具，做起事來才能得心應手。選用人才也是如此，大材小用猶如資源人力的浪費，小材大用又難達理想的效果，可見過與不及都不是好的處理方式。

人是有野心的動物，爲了想要得到更好的事物，往往願意付出代價。相對的，如果利益分配不均，也很容易引起憤恨的情緒，甚至發生糾紛。

試想，如果一個有才幹、有野心的員工，始終得不到重用，或者得不到應有的酬勞，那麼久而久之，勢必會對老闆產生不信任。下屬對上司產生不信任，豈不是一項相當大的危機？

自覺委屈的員工，可能會對老闆、對公司、對工作產生怨恨，不專心致力完成份內的工作，對於公司的產能來說就是一種損失；如果把持了公司的秘密，投奔競爭對手旗下，對公司來說是更加可怕的隱憂。

原本可能得到的共同獲利不見了，相繼而來的是一連串的危機和困擾，這無疑是雙倍以上的損失。

想要成爲一名成功的領導者，唯有任賢使能，各司其職，各在其位，相互呼應、相互配合，方能共同合作，共創佳績。

紙上談兵也要親自練兵

天時地利隨時可能發生不同的變化，都沒有辦法用同樣的陣式去應付，應該要有隨機應變的能力，才能在當下立刻做出決斷。

深諳管理藝術的激勵大師卡內基曾說：「任何真有發號施令的能力的人，從來不會為了瑣碎的事情而煩勞。他僅僅擬定妥善的計劃，選擇適當的助手，分頭去做，獲得成功。」

一名優秀的領導者，要懂得妥善計劃，選賢與能、充分授權，才能藉由衆人之力共同得到成功。

然而，當一個領導人之前，應該先下一番苦功。因爲，如果不曾針對領導領域全盤了解，就不能明白每一個環結所需要的能力與可能面對的問題，那麼當然也不能規劃出妥善的計劃。就算計劃規劃出來了，也沒有辦法派任適當的人選去完成，任務如何能成功呢？

有些經理人專走學院派，頂著各種顯赫的頭銜，卻沒有實戰經驗，說起話來頭頭是道，策略計劃寫來洋洋灑灑，但是其實一招也做不出來。

「筆下雖有千言，胸中實無一策」，這樣的情況是相當危險的，事情不成功，錢財虧損也就算了，自身學藝不精而受害也算了，如果沒有處理好，說不定得賠上許多人的身家性命。

活學活用三國行事謀略

魏國滅掉蜀漢後，三國局勢進入魏、吳南北對峙階段。

魏咸熙二年（西元二六五年）八月，司馬昭病死，其子司馬炎廢黜魏元帝曹奐，自立為武帝，國號晉，改元泰始，同時將目標對準東吳。

吳國自蜀漢滅亡之後，形勢已岌岌可危。西元二六四年，吳景帝孫休病死，孫權之孫孫皓即位為帝。孫皓沉湎酒色，後宮美女多達五千名，奢侈無度，國用入不敷出。此外，孫皓更寵倖佞臣，迷信巫卜，敢於上諫得罪他的大臣，不是挖眼、斷足，就是剝皮、鋸頭。

東吳朝中人人自危，朝不慮夕。

相反的，司馬炎經過幾年的努力，國內政局穩定，軍事實力大增，於是著手滅吳計劃，派尚書右僕射羊祜統領荊州諸軍，鎮守襄陽，虎視江南。

西元二七二年，司馬炎即召來羊祜商議伐吳。

羊祜認為當年曹操南征失敗，原因是缺乏水師，現在應當訓練水軍，製作舟艦，控制上游，一旦時機成熟，水陸齊發，一舉滅吳。

司馬炎當即密令益州刺史王濬在巴蜀訓練水軍，建造大艦，長一二〇米，可載二千餘人，可馳馬往來。

吳國建平（**今四川巫山縣北**）太守吾彥發現上游不斷有大量碎木漂下，推斷晉必然密謀攻吳，上疏孫皓，請求增兵建平，守住險要，以防晉軍順水而下。但孫皓認為晉國無力對吳用兵，根本不予理睬。吾彥只得自命民工，鑄造鐵鏈、鐵錐，在西陵峽設置障礙，橫鎖江面。

羊祜在荊州實行懷柔策略，減少守備巡邏部隊，進行屯田，積蓄軍糧，並與吳人友好相處。羊祜的舉動，麻痺了吳人的警覺。吳國名將陸抗病死後，所轄的軍隊由他的五個兒子率領，長江中下游防務失去幹練的統帥，顯得更加削弱。

羊祜認為伐吳時機已到，便向司馬炎進言：「現在伐吳可以不戰而勝。」司馬炎十分贊同。不久，羊祜病死，司馬炎任命杜預為鎮南大將軍，都督荊州諸軍事。晉咸寧五年（西元二七九年）年底，司馬炎下令六路大軍共二十餘萬人，水陸齊發，直撲東吳。

吳軍將士潰不成軍，不是逃走就是降晉。孫皓迫不得已，採用光祿勳薛寶、中書令胡沖等人的計策，同時分送降書給王渾、王浚、司馬伷，想使三人爭功激起晉軍內亂。

不料，王浚搶先一步，率八萬水師攻入建業，吳主孫皓被迫到王浚軍門請降。晉軍僅用兩個月時間，就滅亡了割據江東五十七年之久的孫吳政權。

「一將功成萬骨枯」，那麼一將戰敗，又是要由多少軍民百姓來陪葬呢？身爲將軍，所有的兵士的生命都握在他的手裡，只要有一絲差錯，都可能全盤皆輸，帶來大量的傷亡，如何能不小心謹慎？

紙上談兵，談的是主要方向，設想各種應變方案，然而戰場上瞬息萬變，必須有隨機應變的能力，才能在當下立刻做出決斷。

不管什麼事用講的都很容易，眞的要去做才會發現其實不見得容易。如果不曾實地了解，就不能體會身在其中的感受。

沒有實戰經驗，說得再多也沒有說服力。要成爲一名優秀的經理人、管理者，就別光只會待在辦公室裡了，唯有走出來實際了解每一個環節，才能夠達到眞正的全面管理。

得饒人處且饒人是一種寬容修養

有時候對付可惡的人，要懂得「得饒人處且饒人」，這不只是一種寬容的修養，也是一種勸人向善的作為。

這個世界上有好人也有壞人，我們當然應該要尊敬品德高尚、修養良好的好人，但並不代表我們就可以任意輕蔑污辱那些所謂的「壞人」。

《聖經》故事中，耶穌阻止眾人對一名妓女丟石頭時說：「自認爲自己從沒做過錯事的人，可以對她丟石頭。」結果，每個手拿石頭的人最後都把手放了下來。

人生在世，誰能無過呢？每個人難免都會有做錯事的時候，只是做得多與做得少的差別罷了，重要的是要知錯能改。

當有人做了壞事，一味地指責卻無法令他心生悔改，那麼這些指責便是無用的。

有句話說：「可憐之人必有可恨之處」，但回過頭想想，那可恨之人的所作所爲是不是也會有什麼難言之隱呢？

因此，有時候對付可惡的人，要懂得「得饒人處且饒人」，這不只是一種寬容的修養，也是一種勸人向善的作爲。

要引發善心，第一步就是要以善的態度，引出對方的羞恥心，使他眞心悔悟自己的錯事，才有機會改錯爲正。

活學活用三國行事謀略

陳寔在東漢桓帝時代，在太丘擔任太丘長，由於出身低微，很能體諒人民的疾苦，加上平時經常微服私訪探查，非常瞭解民情。

他的為人正直，居心公正，無論做什麼事都會先嚴格要求自己，以自己為鄉里表率，人們都尊稱他為「陳太丘」。

當時，由於農作物收成相當不好，人民的生活十分困難，鄉里間有些人因為日子實在過不下去，就鋌而走險做起偷雞摸狗的勾當。

有一天晚上，一個小偷溜進陳寔的家，躲在房樑上準備伺機行事。陳寔偶然間發現了樑上的小偷，但他並未下令捉拿，反而不動聲色將兒子、孫子都叫進房來，神情嚴肅地教訓說：「作為一個人，一定要時時刻刻不忘勉勵自己，才能有出息。有一些做壞事的人，其實他們的本質並不壞，只因為染上了壞習慣，又不知道要如何自己克服、努力改過，一味地任其發展，最後成了壞人。你們抬起頭來，看看這位樑上君子吧，他就是這樣的人。」

樑上的小偷聽到後，感到非常慚愧，連忙爬下來，向陳寔叩頭認罪。

陳寔說道：「我看你的模樣並不像一個壞人，也許你有難言苦衷，但希望你要記住我剛才所說的話，從此學好，別再當小偷了。不然的話，你非但無法富有，反而會愈來愈窮困！」

他送給小偷兩匹絹，並派家人將他送回家。

這件事一時傳為佳話，鄉里的人都非常敬佩他，許多犯下壞事的人，在陳寔的教誨下，也紛紛改過自新。

亂世之中，人民生活困頓，無路可走之餘，便極有可能鋌而走險，犯下作奸犯科的錯事。

陳寔深切地體會到民間疾苦，所以當他發現躲藏於樑上的小偷時，並不想即刻揭穿他或命人將之逮捕，反倒是藉著這個例子教育兒孫，更給予那位小偷一個改過自新的機會。

唯有像陳寔這般眞正瞭解人民苦痛所在的官吏，才能思及如何爲民解厄的辦法，眞正爲民謀福利。

陳寔的做法，目的不在於羞辱與恥笑這名小偷，而是用體諒和同理心的態度來勸服，希望他不要一錯再錯。或許也正因爲他的不怪罪，反而讓做壞事的人覺得自慚形穢，因而決定棄惡揚善。

義大利有一句俗諺是這麼說的：「做好事比做壞事的代價低。」

這是說，雖然做好事不一定能讓我們見到立即的效果，但是做壞事卻可能會付出驚人的代價。

剛開始，做壞事或許眞的是逼不得已而鋌而走險，但是，隨著犯罪的頻率增加，罪惡感和羞恥心就會逐步淡去，那麼對於壞事本身也習以爲常，自然不覺得自己有什麼不對了。

嚴刑峻罰或許可以讓百姓忌憚，但只是治標不治本，還是要回歸問題的根源，才能眞正解決問題。畢竟，要設法讓那些壞人打從心底根除想做壞事的念頭，才是根本的解決之道。

03

PART

創造情勢，就能扭轉劣勢

懂得創造情勢能逆轉當前的劣勢，
不但讓本身實力陡增，
同時也讓對手變弱，
這是在激烈的競爭中勝出的技巧之一。

創造情勢，就能扭轉劣勢

懂得創造情勢能逆轉當前的劣勢，不但讓本身實力陡增，同時也讓對手變弱，這是在激烈的競爭中勝出的技巧之一。

古希臘哲學家德謨克利特曾說：「和自己的心進行鬥爭是很艱難的事，但這種勝利則標誌著你是一個深思熟慮的人。」

想要讓自己比別人更快速成功，除了要比別人努力之外，更必須經常動腦筋，想想該如何將「認真」用在對的地方。如此不斷推敲，才能及時調整自己的思考模式與行動準則。

活在這個馬善被騎、人善被欺的時代，如果你凡事只會死守著教條，腦袋不懂得轉彎，就永遠只會讓自己被人騎在頭上。

曹操擊敗袁紹，統一北方後，揮師南下取得荊州，想一舉滅掉劉備和東吳。處於危難之時，諸葛亮肩負孫劉聯合抗曹的使命，到東吳進行遊說。經過舌戰群儒，堅定了孫權抗曹決心後，又與東吳都督周瑜達成默契，借東風火燒曹營。

周瑜與諸葛亮接觸中，發現他的才能出眾，生怕日後對東吳不利，遂心生殺機。某天，周瑜請諸葛亮共議破曹之策，兩人都認為水上作戰需大批弓箭。周瑜便說：「如今軍中正缺箭，想請先生監造十萬枝箭，不知意下如何？」

諸葛亮明白周瑜用意，但為了抗曹大局，還是答應了。

周瑜又限定諸葛亮在三天內把箭造好，豈料諸葛亮滿口答應，並立下軍令狀，若過期限不能交箭，將任憑都督殺罰。周瑜十分高興，暗中又吩咐匠人拖延時日，單等三天後懲治諸葛亮。

東吳謀士魯肅明白周瑜想藉機殺人，怕大戰前會導致孫劉聯盟破裂，十分著急，就去諸葛亮處探聽虛實。

哪知，諸葛亮似乎沒有把此事放在心上，只請魯肅準備二十艘大船，每船三十名軍士，船上用青布作幔，再紮上千餘個草人，並準備進軍鼓號。

魯肅不解其意，但還是做了準備。

到了第三天，魯肅沉不住氣了，正要前去詢問，晚上四更時分，諸葛亮派人來請魯肅去取箭。魯肅滿心疑惑，隨諸葛亮來到江邊。諸葛亮指揮二十艘大船，用繩索連在一起，向江北進發。

這時，江上大霧彌漫。五更時分，船近曹軍水寨，諸葛亮命令船隻一字擺開，貼近曹軍水寨，然後擂鼓吶喊。魯肅嚇得面如土色，急忙制止。

曹操接到部屬報告，見大霧甚重，怕有埋伏，便讓手下放箭，又從旱寨調來弓箭手萬餘名，輪番放起箭來。

箭雨如注飛向諸葛亮的船隻，不一會兒船的一面都射滿了箭。諸葛亮下令船隊調頭，讓另一面靠近曹軍水寨，又是一陣擂鼓吶喊。

等船幔兩面都射滿了箭後，諸葛亮便令軍士拔錨開船，高喊：「謝丞相送箭！」

乘水勢疾駛而去，氣得曹操捶胸頓足。

來到東吳水寨，天已大亮，諸葛亮用十萬餘枝箭向周瑜交了差。

洞悉人性，就是成功的捷徑

如果要用傳統的方式製造十萬枝箭，不要說是三天，就是三十天也造不完。諸葛亮自然明白這一點，所以來了一招「草船借箭」，藉霧氣掩護，擂鼓吹號，佯裝進攻，讓曹軍以爲孫權、劉備聯軍發動夜襲而墜入他的圈套，更讓他輕鬆「製造」了十萬枝箭。

「草船借箭」的故事說明，懂得創造情勢就能逆轉當前的劣勢，不但讓本身實力陡增，同時也讓對手變弱，這是在激烈的競爭中勝出的技巧之一，熟知如何運用訣竅，自然能使自己前程一片坦途。

製造假訊息讓對手深信不疑

但在某種必要的情況下，可以間接把自己談判立場的細節等，悄悄地、裝作不經意地洩漏出去，以達到己方需要的某種目的。

《孫子兵法》中有一項攻守法則，「攻其所不守也，守其所不攻也」，強調想要攻擊敵人獲得勝利，就應該攻擊敵人不注意的地方。如果本身處於防守位置，那就應該留意平常看來不顯眼的地方，以免引起敵人重兵強攻。

一個優秀的領導者，行爲絕對不能遲疑不決，在攻擊和防守時需要投入更多的精神，因爲要對敵人的動靜瞭若指掌，必定要下功夫挖掘情報。

在攻守之間，情報策略是不可少的。不過，得到再多敵方的情報，也不能以爲從此就可以高枕無憂。因爲，在得手的情報中，可能隱藏著對方故意設計的錯誤資訊，如果因此而忽略了其中可能存在的陷阱，說不定會發生致命的大傷害，不得不小心謹慎。

活學活用三國行事謀略

《三國演義》中有段精采的「蔣幹盜書」情節。

曹操拿下荊州後，將水師屯於江北，準備揮師渡江，消滅東吳。雙方隔江對峙，為了探查軍情，曹操便派蔣幹前去東吳察看虛實，周瑜則趁機施展反間計。

當時，東吳情勢危急，由於曹操的士兵不習水戰，東吳唯一的致勝之道便是「火攻」，但曹操用了張允、蔡瑁兩個頗有能耐的水軍都督，絕不會將船一隻隻連著鎖在一起，以便己方火攻。

周瑜正在為此事著急時，忽聞同窗蔣幹來訪，心中懸著的巨石終於落地。

周瑜與蔣幹相見，少不得痛飲一番，敘敘同窗之誼。不久，周瑜假裝不勝酒力醉臥床帳之內，呼聲大作。

蔣幹受曹操之命到東吳來探查虛實，自以為已經把周瑜灌醉，可以趁機暗中進行調查了。

夜晚萬籟俱寂，蔣幹悄悄地摸進老同學周瑜帳內竊取軍情。他見周瑜醉臥不醒，就把置放在桌上的一封書信，偷回自己房中細看。

不看則已，一看不由得驚出一身冷汗，原來竟是張允、蔡瑁私通周瑜的書信。由於事情緊急，他便趕緊過江稟報曹操。

曹操看了書信後勃然大怒，頓時心生殺機，當即命人將新任水軍都督張允、蔡瑁捉來轅門斬首。

消息傳到周瑜耳裡，自然欣喜若狂。

原本曹操仰賴兩位新任水軍都督，準備進攻江東，東吳水師兵微將寡，自然不敵。周瑜於是乘蔣幹來訪之時，故意把偽造的秘密書信擱在桌上，然後裝睡讓蔣幹去偷。

曹操見了蔣幹竊來的書信，信以為真，再加上疑心病重，居然自己除去了周瑜的心頭之患。

馬克吐溫曾說：「你必須找到事實，接著你怎麼扭曲它都行。」爲了達到目的，要點心計，使出欺敵戰術，往往是讓眼前難題迎刃而解的最佳捷徑。想在各種競爭中獲勝，除了殫精竭慮活用本身的智慧，還要設法把眼前的阻力變成自己的助力，把障礙變成向上躍昇的跳板。

類似「蔣幹盜書」的情節也可以巧妙地運用在商業領域。談判過程中，嚴防訊息洩漏是基本常識，但在某些特殊、必要的情況下，談判者可以間接把自己談判立場的細節等，悄悄地、裝作不經意地洩漏出去，以達到己方的目的。

當然，你也可以在談判過程中，突然揭開自己的面紗，如果以私下談話的方式直接洩密，可以說：「我偷偷告訴你，我們老闆有可能與別家公司合作，而不是貴公司……」以此迫使對方降低需求。不過，奏效與否，就看你是否能做得天衣無縫，讓對方信任。

另一招就如周瑜洩密一樣，對方渴望得到的秘密，若是在你「一時疏忽」之下得到，就會使對方視作珍寶，而你也最容易達到目的。

這一招靈不靈，還得看對手是否選擇採取窺探別人隱私的方法。

這一招的方法較多，例如爲了使對手認爲有其他競爭對象存在，可以把一本記載著競爭者姓名、電話號碼的本子，隨意擱在桌上，然後故意忘記帶走。記事本上還可以寫上其他競爭者的最低報價、自己的最高出價……等。

事情往往很奇怪，如果你直接告訴對方，他不一定會相信，如果任由對手偷偷摸摸地發現，反而會使他深信不疑。

所以，要製造假訊息，透過這種方式傳出去，效果會特別大。

讓對方走上你想要他走的道路

當你想要對方往你所希望的方向走時，要先留一條「生路」給他，但是要注意，這條路必須是你想要對方走的路。

《孫子兵法．軍爭篇》說過一個作戰原則：「圍師必闕。」

「圍師必闕」是兩軍對陣時，瓦解對方鬥志的一個重要的觀念，故意網開一面，留下一個缺口，藉此鬆懈敵人的心志，擾亂敵人的節奏。其中，最重要的是「不可將敵人置於死地」，以免對方爲了求得一線生機而拚死抵抗，反而讓自己失去即將到手的勝利。

東漢末期，將軍朱儁率領大軍討伐四處作亂的黃巾賊殘黨。

黃巾賊首腦韓忠據守宛城，見情勢不妙便想投降，條件是要饒他一命。

參謀們請求朱儁接受韓忠的投降，朱儁卻反對：「韓忠見局勢有利就進攻，一旦情況危險就投降，讓這樣的人苟活於世，對我軍來說極為不利。」

因此，朱儁下令包圍宛城，並且發動強烈的攻擊，然而無論官兵怎樣進攻，都無法攻破宛城。

朱儁登高觀察敵情後對參謀說：「我知道為什麼攻城未能成功了。敵軍被嚴密地包圍著，眼看就要陷落了，因為即使求降也無法存活，所以才拚命抵抗。一萬個人團結起來死命抵抗就不容易被攻破，更不用說十萬人了。所以，不如先將包圍的一部分兵力解除，再發動攻擊。韓忠一看到包圍出現缺口，必定會從那個缺口逃出，一旦逃出，原本團結一致的敵軍就崩散了，也就容易打敗了。」

說完，朱儁便撤離一部分包圍兵力，故意留下一個缺口，韓忠的部隊看到缺口，果然想從那裡竄逃。朱儁的軍隊趁機攻擊，終於大破賊軍。

狗被逼急了會跳牆，人也一樣，要是被逼急了，就會拚命抵抗。

因此，當你想要對方往你所希望的方向走時，就要先留一條「生路」給他，但是要注意，這條路必須是你想要對方走的路。

我們常常會看到，開會時或是交涉時，有人滔滔不絕地闡述自己的觀點，表現得咄咄逼人，甚至指摘別人的論點，不給對方反駁的餘地，試圖迫使對方認同自己的觀點，結果會如何呢？

這種做法一定會引起對方反感，即使當時勉強同意，後來也不願合作。

相反的，如果給對方發表意見的空間，肯定對方觀點可取的地方，對方一定會放鬆心中的防備，不再頑強地對抗到底。這時，我們才能趁機提出看法，用柔軟的態度引導對方，讓對方朝著我們設定的方向走，進而同意我們提出的意見。

由此可見，給足對方面子也是鬥智鬥力之時成功的訣竅之一。

充滿智慧，才能活用機會

「一匹狼率領的一百頭的羊，勝過一頭羊率領的一百匹狼。」這句話強調，擁有一名優秀領導者的組織，就會擁有不可輕視的力量。

《孫子兵法．九變篇》說：「是故智者之慮，必雜於利害。」

這句話的意思是說，有智慧的人觀看事情，一定會從利與害兩個角度來思考，知道該怎麼做才能獲得最高利益，而將損害降到最低。

下列故事中，孫策詐死誘敵，並在關鍵時刻打擊敵人的信心，無疑充分展現出一名領導者需要具備的智慧。

東漢末期，東吳名君孫策在一次作戰中，被敵方流箭射中左足落馬。周圍的部下立刻護送孫策回到陣地。

一回到陣地，孫策就說：「假裝我中箭死了，你們退兵，這樣的話，敵人一定會乘勝追擊。另外在一旁設置伏兵，這樣就可以抓住敵將。」

部下們覺得很有道理，便偽裝孫策已死，隨即對外發佈假消息，接著部隊撤離陣地，佯裝開始退兵。

另一方面，敵將聽說此事，立即舉軍追擊，攻入孫策的陣營。

這時，埋伏在一旁部隊和誘敵的部隊一起夾擊，孫策也出現在陣前，大喊：「孫策在此。」

敵軍見孫策未死，嚇破了膽，只得退兵。

洞悉人性，就是成功的捷徑

「一匹狼率領的一百頭的羊，勝過一頭羊率領的一百匹狼。」這句話強調，擁有一名優秀領導者的組織，就會擁有不可輕視的力量。

所以，如果己方有優秀的領導者，敵人採取行動之時就會更加愼重，與這些愼重的敵人競爭一定會比較困難。

但是，如果適時製造一些假象，假裝優秀的領導者不在崗位上，敵人就會因放鬆戒心而輕易地挑戰。敵人的心態一旦變得輕率，行事就不會再步步爲營，這時候我們要取勝就容易多了。

無論什麼樣的組織，如果領導人無法在他的崗位上善盡本分，那組織免不了會出現混亂，一旦發生重大事件，必定會導致嚴重後果。

因此，平時就必須培養出可以接替的人選，即使領導人不在也能把事務處理好，這樣才能確保企業的營運順暢無礙。

低頭，是因為有所圖謀

有時先低頭也能得到莫大的利益，如果企業遇到客戶要求賠償時，誠實地認錯並賠禮道歉，信譽反而會提高。

《孫子兵法．行軍篇》說：「無約而請和者，謀也。」沒有約定的求和，背後通常有所圖謀，但大部分的人通常不會留意，只要給予一個理由，對方就會信以爲眞。

活學活用三國行事謀略

三國時代，蜀國宰相諸葛孔明有次領軍攻打魏國，魏國將軍曹真為了阻止蜀軍

攻勢，便親自率軍出擊。

此時，諸葛孔明的部下姜維突然向曹真請降，並寫好求降書，送到曹真那兒，信裡說：「我年邁的母親還在魏國，能讓我到魏國去嗎？」

曹真見此信情意真摯，不疑其中有詐，便命部下費耀率五千士兵出陣迎接姜維。蜀軍將士見姜維投降，群龍無首，不戰而逃。

翌日，諸葛孔明率領的部隊到達前線，魏軍聽從降將姜維的意見後退數里。就在此刻，對面山上燃起火來，濃煙往上冒，同時也響起了軍隊作戰時的吶喊。

於是，費耀急忙率軍撤出，匆忙趕到著火的地方，不料卻被埋伏在那裡的蜀軍大舉攻擊。這時，費耀才明白自己中了圈套，慌忙逃出。但姜維早已率部隊等在他逃脫的路上，給予致命一擊，結果費耀兵敗自殺。

洞悉人性，就是成功的捷徑

能判明敵軍的虛實和作戰意圖，研究地形的險易，計算路途的遠近，以奪取勝利，這都是主將應懂得的道理。運用這些道理作戰，必然會取得勝利；相反的，不懂得這些道理，那就必敗無疑了。

就像故事裡的姜維以眞摯的言詞請降，讓曹眞放下戒心一樣，常有人利用這種心理，假稱投降而取得成功。

在美國，人們常說先認錯的一方就輸了。這是因爲先認錯的話，就是承認是自己不對，就得由自己負賠償責任，這種觀念也在現代的社會中廣爲流傳。

但並不是死不認錯就一定有好處，有時先低頭也能得到莫大的利益。如果企業遇到客戶要求賠償時，誠實地認錯並賠禮道歉，信譽反而會提高，顧客也會因此更加信賴這個企業，提高這個企業的風評。

有時候，明明就是對方的錯，但是對方就是不肯承認。在這種狀況下，與其努力對抗，讓對方認錯，倒不如先暫時容忍，安撫對方，對方也會自知理虧而放下身段，這樣就能使事情進展得更順利。

用謀略讓對手知難而退

我們對於欺敵的謀略要仔細規劃。什麼時候，什麼事情可以欺瞞對手，都要了然於心，並且確實了解欺瞞對手的後果。

《孫子兵法．虛實篇》說：「乘其所之也。」

這句話的要義是，因為身處劣勢而不想開戰的時候，就必須用計謀欺騙對方，讓敵人認為不能打，自己引兵而退。

活學活用三國行事謀略

三國時代，魏國開國皇帝曹丕侵略吳國，軍隊進駐廣陵。面對魏國強大的軍隊，吳國人十分驚慌，認為自己沒有勝算。

此時，吳國將軍徐盛為了要保衛家園，想出了個辦法，打算從首都至廣陵前沿河築起一道假城牆，並讓敵方以為城牆後埋伏著大軍。

其他將軍聽了，並不看好這個辦法，認為魏軍不可能那麼簡單就被欺瞞。但是，徐盛不在乎，仍舊派人沿著河岸，築起了長達二百里的城牆，在牆後放置大批用稻草做的士兵，以及軍旗等等。

因為徐盛只求能夠欺敵，才一天光景，就造出一道讓足以亂真的城牆，並成功的讓敵人以為城牆後面埋伏著大軍。

而另一邊，曹丕看到這道城牆和防守陣勢，也信以為真，說道：「我軍雖有許多勇敢善戰的將士，但如此堅固的防禦，算是天兵天將也難以擊破吧。」

於是，曹丕放棄了進攻吳國。

農民會在田裡豎起各式各樣的稻草人，用來防止鳥兒破壞農作物，這種使用障眼法來嚇退對方的計謀就叫僞裝。

這種手法在商場上更是層出不窮，成功運用的話，就能得到別人的信任和幫助，進而反敗爲勝。

但是，胡亂欺瞞對手不僅得不到好效果，反而會使自己處於不利的地位。例如，某些食品公司爲了欺騙消費大衆，就會胡亂更改食品的產地，被人揭發而遭社會譴責，最終因爲業績不振而倒閉。

因此，對於欺敵的謀略更是要仔細規劃。什麼時候、什麼事情可以欺瞞對手，都要了然於心，並且確實了解欺瞞對手的後果，千萬不可以貪圖一時的便利，隨意欺瞞對手，反而賠上企業的名譽。

要把自己的長處發揮到極致

與其克服自己的短處，努力使自己做與他人相同的事，倒不如努力發展自己的長處，使自己拿手的專長發揮到極致。

《孫子兵法．火攻篇》說：「火發於內，則早應之於外。」

意思是，若要在敵軍陣內放火，就必須要另外安排接應。火攻法是鬥智鬥力的必殺絕技，之所以稱爲必殺絕技，是因爲只要利用它便可以簡單地將敵人打倒。

活學活用三國行事謀略

東漢末期爆發黃巾之亂，張角帶領黃巾賊叛亂，四處燒殺擄掠。

東漢將軍皇甫嵩率軍討伐，失敗後，退守長社城。

黃巾賊以人海戰術團團包圍長社城，皇甫嵩部隊兵力較少，對於明顯的戰力差距，士兵們十分恐懼。

審慎衡量局勢之後，皇甫嵩對部屬說：「勝敗乃由奇襲決定，不是由士兵的數量決定。敵軍現在用草搭建營地的兵舍，倘若在上面點火，輔以風勢，大火必定會一發不可收拾。因此，我們要趁著敵軍沒有防備時在夜裡放火，等到敵軍陷入大亂，我軍再大舉出擊，一定能夠取得勝利。」

皇甫嵩選了一個風勢強盛的夜晚，率領精兵悄悄越過重圍，在敵陣各處放火。火苗藉著風勢，眨眼間便擴散開來，黃巾賊立時陷入混亂之中。皇甫嵩見時機成熟，下令敲響戰鼓，親率手下士兵突擊敵陣。

黃巾賊驚慌之下，只知爭先恐後地逃跑，就這樣潰敗了。

如果說火攻是戰爭的必殺之招，那麼商場上的必殺絕技指的就是企業的長處，善於應用自己的長處，就可用很少的努力取得很大的利益。

當然，長處會因爲人和組織的不同而不同。例如，身爲營業員就要善於利用人際關係的優勢，而在精密工具方面佔優勢的企業就要活用自己的特色，活躍在精密器械製造領域，甚至穩坐龍頭寶座。

相對的，倘若沒有自己的長處，或是不知發揮長處，即便用平常的方法取得一時的勝利，也無法取得決定性的勝利。

見到別的公司賣出新產品，獲得相當高的利潤，便急著仿效，也無法取得像原創公司那麼多的利潤。

因此，與其克服自己的短處，努力使自己做與他人相同的事，倒不如努力發展自己的長處，使自己拿手的專長發揮到極致。這樣，才能使自己獲利，取得更好的效果，在必要的時候將更能夠幫助自己。

對手放鬆注意，正是攻擊的時機

對方放鬆注意之時，正是從對方手裡奪取東西的大好時機。若能趁著敵人疏忽，奪取對方的版圖及市場，必定比平時省時省力。

《孫子兵法．虛實篇》說：「攻而必取者，攻其所不守也。」

這句話的意思是，攻擊而能夠輕易取勝，是因爲攻擊敵人的弱點。

以下故事裡的徐庶，就是因爲看到對方的弱點，並且把握良機進攻，才能夠輕易幫劉備打下一座城池。

東漢末年，劉備駐軍於新野，守衛樊城的曹營大將曹仁派兩名部將率軍攻擊劉備，但是，兩人卻敗戰而歸。

曹仁大怒，決定自己領軍攻打新野，這時部下李典勸告他說：「若是全軍出擊，樊城將處於危險之中。」

但是，曹仁對李典的建議充耳不聞。

另一方面，劉備的參謀徐庶得知曹仁傾全軍出擊，便對劉備說：「曹仁全軍出動，樊城的防守必定薄弱。我們若趁此良機，撥五百精兵給關羽，讓他襲擊樊城，即可將其佔領。」

劉備聽從徐庶的建議，派關羽攻打樊城。

曹仁的軍隊在新野與劉備部將趙雲所率軍隊交戰，仍然不敵，節節敗退。

李典見狀便對曹仁說：「我擔心樊城，還是回防吧。」

然而，此時樊城已被關羽佔領。曹仁大軍從新野撤回，卻不得其門而入，只好灰溜溜逃回許昌。

對方放鬆注意之時，正是從對方手裡奪取東西的大好時機。若能趁著敵人疏忽，奪取對方的版圖及市場，必定比平時省時省力。

有些經營者總是不斷地開設分店，認爲增加分店數量可以擴大公司規模，象徵著公司的發展成果，卻沒有想到急速擴展分店會衍生出許多問題。

另外，還有些經營者自詡爲點子大王，一聽說什麼事業現在最賺錢，就馬上加入這個行業，但是，事業的經營尚未穩定，就插手新的事業，重複做著將原事業放棄的循環，結果將是沒有一個事業能夠步上軌道。

如果什麼事都想插一手，就沒辦法面面俱到。因此，見到競爭對手急速擴大事業版圖，心裡不必焦急，也不必硬要跟上對方的腳步，而是要找出對方的弱點發動攻擊。伴隨著事業擴大，對方一定會出現一些無法顧及的地方，若能把握住這個機會，取得對方的市場，便能取得勝利。

04

PART

打破規則
才能成為勝利者

要得到出其不意的勝利，
就要用打破常規的方法，
遊戲規則既然是人定下的，
那麼也可以用人的力量與智慧加以顛覆。

不到最後，別讓敵人看透

若能保護自己的底細不為對方所知，便能進一步掌控敵方的心理，即使在實力不如人的情況下，仍能一舉翻轉戰局。

有人說，牌桌上的競技有如戰場，手上的牌就是自己所能運用的兵力，我們可以虛張聲勢，也可以扮豬吃老虎，但前提是，不要讓敵人知道你的底牌是什麼，直到最後，都要讓他弄不清楚你的用心。

人生戰場的道理與打牌一樣，彼此間的較量，不只是能力、實力的對抗，更是雙方心理素質的鬥爭，如果能夠善用這一點，即使手上的牌比別人差，也能夠得到最後的勝利。

三國大壞蛋董卓生性狡詐，進入洛陽城把持朝政之時，身邊只有三千名先鋒部隊，西涼軍團還沒趕到。爲了欺矇朝中的反對份子，他便叫士兵們半夜偷偷溜出城外，天亮之後再敲鑼打鼓、旌旗招展進入城內。

表演了幾次之後，大家都被董卓的騙術嚇倒，以爲西涼軍隊正源源不斷抵達，連皇甫嵩、朱俊等一干實力派將領，也對董卓心生畏懼，不敢輕舉妄動。

事實上，董卓這招並非原創，而是抄襲東漢名將虞詡的計謀。

活學活用三國行事謀略

東漢安帝時期，地處西北的羌族舉兵反叛，派兵侵略武都。羌族士兵燒殺擄掠、無惡不作，所到之處哀鴻遍野。

邊關告急，鄧太后便命令名將虞詡率三千兵馬前往武都平叛。

羌人早就聽說虞詡很厲害，一得知漢朝派他前來征討，羌人首領便率領幾千人馬，在陳倉道上順著地勢設下埋伏，想在這裡堵住虞詡軍隊的進攻。

不過，虞詡看穿了羌人的埋伏，立即命令隨行人馬停止前進，並且宣稱自己已上奏朝廷，請兵增援，要等援軍到來再一起前進。

羌人得知這項消息後，覺得虞詡一時不會進攻，就分頭到鄰近的縣城劫掠，留在大本營裡的少數羌軍也放鬆了警戒。

沒想到，虞詡趁機日夜兼行百餘里，並且命令將士們每人搭營時做兩個灶，以後每人每天再多做兩個灶。羌人見灶坑數量天天增加，以為漢軍有了援軍，便不敢逼近他們。

漢軍中有人不解真意，問虞詡：「孫臏圍魏救趙時，是採用逐日減灶之法欺騙魏軍，但您卻是用逐日增灶之法。此外，兵書上說一日行軍不得超過三十里，以防不測，如今我們卻走了二百多里。這是為什麼呢？」

虞詡回答：「因為敵人兵多，我軍人少。敵人見我軍鍋灶數逐日增多，必定認為我方有援軍。另外，我們行軍速度又快，敵人必然不敢追趕。孫臏是故意向敵人顯現自己力量弱小，我現在是向敵人偽示自己力量強大。兩者所用戰法不同，是因各自所處的情勢不同。」

將士們聽了之後，連連點頭稱是，佩服虞詡用兵有方。

虞詡到了武都郡，由於兵力只有三千，被數萬羌兵圍於赤亭數十日。虞詡命令將士頑強固守，一直堅持了十天，打退了羌軍多次進攻，大大挫傷了羌軍的銳氣。到了第十天，羌軍又開始進攻了。

虞詡站在城牆上觀望戰況，發現羌軍士兵畏縮不前，好像是怕被漢軍的強弓利箭射著。於是，虞詡命令將士不要發射強弩，只用小弩射擊。

羌人見漢軍箭力薄弱，射不到自己，以為沒有危險了，便集中兵力加緊攻城。可是，當羌兵衝到城下時，虞詡命令二十副強弩同時發射。羌人大驚，連忙退卻。虞詡見敵退兵，立即縱兵追擊，大敗羌兵。

羌兵雖然大受損傷，但是當他們發現虞軍反攻時，只出動兩千多人，就明瞭虞詡兵力不多，準備再次進攻赤亭。

虞詡也察覺到自己暴露了實力，估計羌軍可能會再次進攻，為了迷惑羌軍，決定再製造一次假相。

次日，虞詡讓所有官兵排成長隊，耀武揚威地從東邊城門出去，轉一圈後再從北邊城門進城。進城後更換衣服，又從這個城門出發、那個城門進來，並不斷更換衣服迷惑羌人。

反覆出入多次後，羌人見漢軍服飾不同，以為有眾多士兵不斷出入，實在猜不透漢軍有多少人馬，心中愈發驚懼，軍心動搖。

虞詡估計羌人將要退兵，就在敵人撤退的必經道路上，派五百餘人埋伏在城外河流淺水處。結果，羌人果然因過於畏懼而逃走，走至半路，漢軍伏兵突起，大獲全勝，羌人潰敗，只好逃竄到益州，武都郡於是安定了下來。

洞悉人性，就是成功的捷徑

法國哲人霍爾巴德曾說：「人之所以恐懼，只是由於無知。」這句話一針見血地說出了當人無法掌握情況的時候，心中所產生的恐懼感。虞詡靈活運用「實則虛之，虛則實之」的戰術，正是抓住羌軍這種心理而得到了勝利；董卓則抄襲虞詡的欺敵方法，爲自己爭取到寶貴時間。

對未知的事情感到害怕、不確定，正是我們要隱藏起自己的實力，不讓敵人摸清底細的原因。這麼一來，對方會因為無法掌握狀況而多有保留，不敢全力一戰。利用他們的恐懼心理，我們便能將情勢操之在己。

如果仗都還沒打完，就被敵方摸清了底，就像讓對方知道了自己的底牌一樣。如此一來，比我們弱的趁早收兵，減少損失；比我們強的豈不加碼押注，一次要我們輸個精光嗎？

不到最後關頭，千萬別讓對手看透。別因為一時心急口快，或因為錯信了他人，而讓自己的底牌提早曝光，在無情的爭鬥中，這是非常要命的失誤。

若能深藏自己的底細不為對方得知，同時掌握到敵方的實力，便能進一步掌控敵方的心理，即使在實力不如人的情況下，仍能利用敵人的恐懼感以及隨之產生的誤判，一舉翻轉戰局。

愛說大話，只會被人當成傻瓜

看著媒體上那些愛說大話的人，當他們滔滔不絕說自己多了不起，有多少聽話的人在心裡暗笑他們的淺薄無知呢？

英國的知名學者布爾沃．利頓曾經這樣說過：「當你與半智半愚者談話時，不妨說些廢話；當你與無知者談話時，不妨大肆吹牛。不過，當你跟睿智的人談話時，就該非常謙恭，並且不要忘記徵詢他們的看法。」

布爾沃這幾句金玉良言，當然有一定道理，糟糕的是，在現在這個世界上，有許多人在說話的時候，常搞不清楚聽話的人是什麼來歷，總把對方當做半智半愚者，說了半天盡是廢話。

要不然，就是把聽眾統統當成傻瓜，大肆吹嘘一番，卻不知道自己早已出盡洋相了！

活學活用三國行事謀略

東漢末年，北海地方出了一個博學的名人，名叫孔融，是孔子的二十世孫，泰山都尉孔宙的兒子。

孔融從小聰明過人，說起話來口齒伶俐，小小年紀就享有盛名，後來更活躍於三國時期。

孔融小時候，有一次隨父親到洛陽。當時，洛陽的行政長官李膺十分有名，平日拜訪他的人太多了，如果來訪者是無名之輩，守門的僕人根本不通報。

那時，年僅十歲的孔融很想拜見這位大人物。一天，他來到李膺的官府門前，請守門人通報。

但守門人見他只是個小孩子，揮揮手就打算把他打發走。孔融靈機一動，對守門人說：「我是李先生的親戚，他一定會見我的。」

守門人一聽說是李膺的親戚，馬上通報主人。李膺聽到守門人的通報後備感奇怪，自己並沒有這樣的親戚啊，不過還是決定見見他。

李膺見到孔融，好奇地問：「請問你和我有什麼親戚關係呢？」

孔融臉不紅氣不喘，從容地回答道：「我是孔子的後代，您是老子的後代。天下人都知道孔子曾向老子請教過禮的問題，既然他們是師生關係，那我和您也是世交呀！」

李膺家中當時有很多賓客在座，大家對年僅十歲的孔融竟如此博學和機敏感到驚奇，李膺更是為這樣一位神童登門拜訪感到十分驕傲。

然而在場的一名賓客陳韙，對孔融的表現卻很不以為然，當著孔融的面隨口說道：「小時了了，大未必佳。」

意思是說，小時候很聰明的人，長大後未必有什麼才能。

聰明的孔融聽了，立即回道：「想君小時，必當了了。」

這句話表面上的意思是誇讚陳韙小時候很聰明，實際上是諷刺陳韙現在是一個庸才。

陳韙被孔融這句話堵住了，半天說不出話來，氣得滿臉通紅，最後在眾人的笑聲中，悻悻然地離開了。

洞悉人性，就是成功的捷徑

孔融是中國歷史上的知名人物，他的故事被傳誦至今，至於這位陳韙，若不是鬧了這樣一個笑話，恐怕誰也不知道他是哪根蔥！

當時，陳韙不但頗有名氣，還官拜上大夫，平常就很心高氣傲，當然對孔融這個小鬼頭充滿了輕視之意，萬萬沒料到，他不但被孔融當場反將了一軍，這個故事還因此流傳千年。

早知如此，相信他一定不會隨隨便便開口嘲諷孔融「小時了了」。

話說了出去就收不回來，正是因爲這樣，我們才更要小心謹慎自己說的每一句話，尤其要注意的是，別把聽話的人都當成傻瓜。

雖然布爾沃．利頓說面對無知者時可以大肆吹噓，問題是，也許眼前看似不起眼的小鬼，搞不好就是下一個孔融，誰能肯定自己說話的對象是不是無知之輩呢？

愛說大話，只會被人當成傻瓜。

看著媒體上以及生活周遭那些喜歡炫耀，動不動就愛說大話的人，倒應該爲他們感到悲哀了。當他們滔滔不絕地說著自己多了不起、多麼厲害的時候，有多少聽話的人在心裡暗笑他們的淺薄無知呢？

我們也必須暗自檢討，想想自己的情況又是如何？是不是也曾因說了大話，被人在暗地裡嘲笑？開口說話之時，千萬要多加小心留意，別成爲下一個「陳韙」了。

氣度會決定你的人生高度

一個人的氣量必定會影響到他的格局，真正的智慧，必是從無私的精神裡才能產生出來的。

英國哲學家羅素曾說：「從偉大認知能力和無私心情的結合之中，最容易產生出智慧。」

從這句話之中，我們可以明白，取得「智慧」的必要條件，除了強大的認知能力，也就是一般所說的聰明才智之外，還有一點是許多自認擁有智慧之人所欠缺的，那就是胸襟。

爲什麼胸襟是必要的呢？

因爲，一個人的器量，會影響到爲人的格局。

活學活用三國行事謀略

《三國演義》中，東吳都督周瑜是一位深諳文韜武略、擅長運籌帷幄的大將，但是少年得志的他心胸狹窄、自視甚高，以為自己是天下第一。誰知，諸葛亮來到江東後，鋒頭逐漸蓋過自己，幾次較量中，自己都以失敗告終。周瑜因此懷恨在心，總是想設法除掉諸葛亮。

有次，周瑜派人請孔明到軍中議事。

孔明到了之後，周瑜便說：「以前曹操兵少，袁紹兵多，然而曹操卻能在官渡之役戰勝袁紹，這是因為他採用了許攸的計謀，派兵切斷袁紹的糧草補給線。如今曹操擁兵八十三萬，我軍只有五、六萬，怎麼抵抗得了呢？所以，我們也必須先切斷曹操軍隊的糧草補給線，然後再一舉攻破。我現在已得知曹操軍隊的糧草都屯積在聚鐵山上，先生您久居荊州，熟知地理，所以希望先生與關羽、張飛、趙子龍等人連夜趕往聚鐵山，一舉切斷曹操的糧道。我們彼此都盼望能打敗曹操，希望先生不要推託這件事。」

孔明是何等聰明的人，心中暗想：「周瑜這麼做，分明是要設計害我。如果我推託的話，一定會遭到他嘲笑，不如假裝答應他，然後另做打算。」

於是，孔明欣然應承，周瑜大喜。

孔明告辭後，魯肅私下問周瑜說：「周都督派孔明劫糧，有何企圖？」

周瑜毫不掩飾地回答：「我打算殺害孔明，但是又怕被天下英雄譏笑，所以想藉曹操之手殺了他，以絕後患。」

魯肅聽後便去找孔明，看他明不明白周瑜的用意。當他來到孔明的住處，只見孔明面容鎮定，正在整點兵馬，準備出發。

魯肅是個心地十分善良的老實人，眼見諸葛亮就要前去送死，心中不忍，於是用言語點撥孔明：「先生此去能夠成功嗎？」

孔明笑著回答：「我對水戰、陸戰、馬戰、車戰樣樣精通，又不像你和周郎一樣，只擅長單方面而已，因此何愁不成功呢？」

魯肅不服，說道：「為什麼說我和公瑾只擅長單方面呢？」

孔明答道：「我曾聽江南童謠這麼唱：『伏路把關魯子敬，臨江水戰有周郎』，也就是說，先生你只善於在陸地上伏路把關，而周公瑾只會水戰，不會陸戰。」

魯肅辭別孔明後，直接來到周瑜帳中，將諸葛亮所說的話一一告知。周瑜聽後大怒：「諸葛亮欺人太甚！誰說我不擅長陸戰？不用他去了！我親自帶領一萬名騎兵，前往聚鐵山切斷曹操糧道！」

孔明早就料到魯肅會再來，果不其然，魯肅又來到諸葛亮那裡，將此言告知孔明。孔明聽後笑著說：「公瑾派我去切斷曹操軍糧，實際上是想借刀殺人。我剛才故意用言語調侃他，誰知公瑾便容納不下。可笑可笑！」

孔明接著說：「目前正值用人之際，你我雙方要同心協力，抗曹大計才能成功。如果大家相互設計陷害，那麼大事休矣！況且曹操詭計多端，經常斷人糧道，如今怎麼不會派重兵防守糧草呢？公瑾如果真去，必定會被曹操所擒。依據當今形勢來看，目前只適宜打水戰，挫挫曹軍的銳氣。還希望子敬好言相勸公瑾，切不可意氣用事。」

魯肅一聽，連忙趕去見周瑜，對他陳述孔明之言。周瑜聽後，搖頭嘆氣說：「此人的見識是我的十倍，今不除之，必留後患！」

魯肅勸道：「當今正值用人之際，希望公瑾以國家為重。等到打敗曹操之後，再想辦法除掉他也不遲啊！」

周瑜覺得魯肅說得有理，便聽從了他的意見。

洞悉人性，就是成功的捷徑

相信大家都曾聽過「既生瑜，何生亮」這句話。在《三國演義》中，周瑜自視甚高，但是遇上了諸葛亮，卻處處被比了下去，難怪他會因自尊受損而心生嫉妒，想設計陷害諸葛亮。

可是，由這個舉動當中，我們也看出一件很重要的事，那就是周瑜缺乏容人的雅量，這一點使他的評價一直都在諸葛亮之下。因而直到現在，大家還是會折服於諸葛亮的才智與忠貞，卻很少讚揚周瑜。

人要有堅強的意志，以及寬容大度的心胸，防人之心是必要的，但是不要把心思浪費在算計別人之上。

俄國文學評論家別林斯基就曾經提醒我們：「可以讓步的時候適時讓一步，是最高的處世智慧，可以避去許多不必要的麻煩。」

一個人的器量必定會影響到他的格局；眞正的智慧，必是從無私的精神裡才能產生出來的。小說中的周瑜正是因爲欠缺這份無私的精神，眼中只見到自己，因而無法獲得眞正的智慧。

如果憑恃著自己的才智，只想要去誆騙、陷害他人，想藉此隻手遮天，到最後，被矇騙的人們總會發現眞相，而這樣不將聰明才智用在正途的人，也不會有太高的成就。

詭計再周全，也有東窗事發的一天

就算你自認策劃的計謀很完善，還是應該記住：世界上不會有百分之百不被揭穿的詭計，想耍心機之前，可得要三思。

《伊索寓言》裡面有這麼一句警語：「陰謀陷害別人的人，自己必定也會遭到不幸。」

這並不是一句老掉牙的勸人為善的話語，畢竟，在這個人吃人的人性叢林裡，幾乎每個人都曾用過一點手段、耍過一點小心機。

不過，夜路走多了總會遇到鬼。不管你多麼胸有成竹，想做壞事之前，就必須要有將來面對東窗事發的心理準備！

活學活用三國行事謀略

孫亮，是孫權的幼子，也是東吳的第二任皇帝。

西元二五〇年，太子孫和被廢後，孫亮成為新太子。兩年後，孫權病逝，孫亮繼承皇位，那年只有十歲。

有天，孫亮剛從西苑觀看完練兵，在回宮的途中感到十分口渴，想吃幾個青梅解解渴，便叫太監送上青梅。才剛咬了青梅一口，他就覺得口中充滿酸味，實在難以忍受，於是命令太監到庫房中拿蜂蜜來拌著吃。

蜂蜜很快送上，孫亮將它和青梅拌在一起吃。正吃得起勁時，突然發現蜂蜜裡竟有幾顆老鼠屎，一陣噁心之下，就嘔吐了起來。

太監們見狀，全慌成一團，有的幫他捶背，有的幫他擦拭嘴邊的穢物，有的拿清水給他漱口。吐完之後，孫亮勃然大怒，喝斥前去取蜂蜜的太監：「為什麼蜂蜜裡會有老鼠屎啊？」

這個太監嚇得渾身發抖，回答說：「奴才不知道啊。想必是管庫房的官吏失職，讓老鼠跑到庫房裡偷蜜吃，吃飽了後拉屎在蜂蜜裡面。」

「傳庫吏過來見我！」孫亮怒氣沖沖地說。

庫吏不知發生了什麼事，戰戰兢兢地來到孫亮面前，跪下說：「陛下傳喚小人，有何吩咐？」

孫亮問：「為什麼蜂蜜裡會有老鼠屎？」

「小人不知。」庫吏據實以對。

孫亮更加惱火：「你不知，他不知，難道老鼠屎是從天上掉下來的？」

庫吏申辯道：「裝蜂蜜的罈子，小人用蓋子嚴嚴實實地蓋著，連灰都掉不進。陛下若不信，可派人前去查看。」

孫亮覺得庫吏說得有理，又問太監：「那老鼠屎就是你放的了？」

太監趕忙解釋說：「我去取蜂蜜，一會兒就回來了。倉促之間，哪兒有工夫找老鼠屎放在蜂蜜裡呢？」

侍中刁玄、張邠啟奏說：「既然二人都不承認，就交執法官去審訊。」

孫亮卻說：「不必，此事很容易搞清楚。」

孫亮命令別的太監將老鼠屎一粒粒剖開。細心察看後，指著去取蜂蜜的太監說：「這老鼠屎是你放的，還不快從實招來！」

太監還想狡辯，孫亮又說道：「如果老鼠屎早就在蜜中，屎的內外都會是濕的。但是，這些老鼠屎內乾外濕，分明是才剛放進蜂蜜裡去的，因此必定是你放的。」

鐵證如山，那名太監不得不低頭認罪。庫吏這時不由得鬆了一口氣，左右也都十分佩服孫亮的分析判斷。

孫亮又問取蜜的太監：「你把老鼠屎放在蜂蜜裡，是存心加害我嗎？」

那太監磕頭如搗蒜，直說：「奴才不敢，奴才不敢！」

孫亮又說：「那你必然是為了誣陷庫吏！」

太監悶不吭聲，表示默認。

孫亮問庫吏：「你和他有仇嗎？」

庫吏回答：「應該是因為他曾經向我討蜂蜜吃，我不敢給他，所以他一直記恨在心，今日見有機可乘，就想陷害我。」

孫亮問取蜜的太監：「你還有什麼話說？」

那太監拚命哀求，又哭又磕頭地連叫：「陛下寬恕。」但孫亮仍吩咐左右把他的頭髮剃掉，鞭打了數十下後，把他攆出宮外去了。

洞悉人性，就是成功的捷徑

這件事若未在當下馬上裁斷，等到移交給執法官審理，唯一的證據就已經被破壞，恐怕很難揪出眞正的犯人了。孫亮年紀雖小卻很聰明，那位居心不軌的太監，恐怕也沒想不到，自己的計謀居然會被年幼的小皇帝揭穿吧！

現代社會，除了金光黨之外，故意裝瘋賣傻的人少了很多，可是自作聰明的人卻仍然處處可見。這些自作聰明的人眞的聰明嗎？恐怕不見得吧？

要耍小心機，也要有被「抓包」的心理準備。

若是做了壞事，還以爲只有天知、地知、自己知，永遠不會被人發現，那就未免太小看別人了。就算你自認很聰明、策劃的計謀很完善，還是應該記住：世界上不會有百分之百不被揭穿的詭計，想要心機之前，可得要三思再三思！

用對方的邏輯解決問題

當我們遇到固執己見的對手，費盡唇舌也難以說動時，應該順著對方的思路與邏輯，才可能動搖得了他的想法。

英國作家薩奇博士曾說：「一個小小的詭辯，可以節省成噸的辯解。」

相信大家都曾遇到過類似這樣的困擾，爲了事情的需要，我們必須要說服一些既固執又難以溝通的人。他們很可能是我們的長輩、親友、街坊鄰居，或是同公司裡的同事、和自己有業務往來的客戶，甚至是自己根本就不認識的人。

由於彼此的成長環境、教育背景以及生活體驗迴然不同，雙方習慣的語言邏輯不盡相同，思考方式也大異其趣，我們常常花了許多心思、說了許多好話、費了不少唇舌，仍然無法達到溝通的效果。

這個時候，你會怎麼做呢？

活學活用三國行事謀略

東漢末年，在今天的南昌地區，有一位名叫徐童的少年，生性聰穎機智、善於論辯，在家鄉一帶聲名遠揚。

某天，名士郭泰邀請徐童到他家做客。郭泰是當時清流代表人物，也是學識淵博之士，名氣相當大，不僅待人和藹可親，也經常鼓勵後進，徐童便欣然前往。

徐童剛踏進郭泰的庭院，便看到一些人拿著鋸子與斧頭，正準備砍倒院中的一棵大樹。他看那棵樹枝繁葉茂、鬱鬱蔥蔥，夏天能乘涼，冬天能擋風，覺得砍掉了十分可惜，於是對郭泰說：「老先生，您看這棵樹足有上百年的樹齡，還長著圓形的枝蓋，披滿了綠色的葉子，就像一把巨大的華蓋傘。夏日時，它能讓人遮陽乘涼，冬天時能為人擋風攔雪，而且它目前還生機勃勃，沒有半點枯老的跡象，為什麼要砍掉它呢？不覺得太可惜了嗎？」

郭泰聽完徐童的話，哈哈大笑說：「是這樣的，我最近看了一本書，書中這麼說：『庭院天井四方方，方方正正口字狀，院子當中如有木，木在口中不吉祥。』我仔細地想了想，這說得很有道理啊！你看，木在口中，不就成了『困』字了嗎？你說，誰願意生活在困境中呢？」

徐童聽後，覺得老先生的話有些道理，但是轉念一想，又似乎不大對勁。經過短暫的思考後，徐童便對郭泰說：「老先生，您剛才說的，表面上很有道理，但您卻忽略了另外一個問題。我最近也看了一本書，書中這麼說：『房屋造得四方方，方方正正口字狀，房屋當中如住人，人在口中不吉祥。』您想，人在口中，不正好是一個『囚』字嗎？誰願意在囚禁罪犯的牢房之中生活呢？所以，您忽略的地方就在於這一個字。如果因為『困』字不吉利，就要把庭院中的古樹砍掉，可是『囚』字就更不吉利了，這麼一來，屋中還能住人嗎？」

郭泰聽後先是一驚，隨即哈哈大笑起來，連連誇讚道：「言之有理，言之有理，真是後生可畏，你堪稱是我的『一字師』啊！」

郭泰於是吩咐僕人們不要砍古樹，這一棵古樹便因為徐童的一席妙語而保住了。

故事中徐童確實頗有才思，令人激賞，但是，我們應該效法的，並不是徐童玩文字遊戲的能力，而是他「用你的邏輯來駁斥你」的巧妙招數。

若是用環保、惜物等觀念與郭泰溝通，企圖說服他，結果未必能夠奏效，因爲我們認爲重要的事情，別人未必如此認爲。尤其在雙方的歲數與成長背景、教育環境都有相當程度差異的情形下，我們自以爲是的「道理」未必能令對方信服。

不過，這個時候，不要放棄，也不要惹怒對方，而是應該儘量發揮自己思考的柔軟度與彈性，順著對方的思路與邏輯，「以子之術，還治彼身」，才可能動搖得了他的想法，進一步說服。

世界上沒有完全無法溝通的人，關鍵在於要怎麼溝通、怎麼傳達我們的觀念。遇到固執己見的對手，費盡唇舌也難以說動時，不妨試試「拿他的邏輯來說服他」的妙招，也許會有令人意想不到的好結果！

打破規則才能成為勝利者

要得到出其不意的勝利，就要用打破常規的方法，遊戲規則既然是人定下的，那麼也可以用人的力量與智慧加以顛覆。

英國文人濟德曾經說過：「當你發現許多富有創見的人都沒有想到某一點時，就是他們被習慣引入歧途了。」

這句話是什麼意思呢？濟德的意思是說，即使是最聰明、最有創見的人，思考還是存在一些盲點，使得他們無法做出最徹底的突破。這個思考上的盲點，往往來自於他們習以爲常的生活方式與思考模式。

在創意與創造的道路上，若要達到別人無法達到的境界，若要想到別人無法想到的事，便要多加留意這一點。

據說，諸葛亮少年時期曾拜水鏡先生司馬徽為師。當時，與他一起學習的還有龐統、徐庶……等十多個弟子。

學習滿三年後，某天水鏡先生對弟子說：「五天後我要考考你們，合格的算出師，不合格的就請便了，以後也不能自稱是我的弟子。」

弟子們一聽，個個心情緊張，捧著書本晝夜背誦，只有諸葛亮整日在水鏡莊外遊逛，十分逍遙自在。

到了第五天，一大早，水鏡先生就端坐堂上，對心情忐忑的弟子們說：「我只出一道考題，仔細聽好，從現在起到午時三刻為止，誰能得到我的允許走出水鏡莊，誰就算成功了。」

弟子們一聽全傻了眼，急得抓耳撓腮。有的大呼：「莊外失火！」有的謊報：「大水漫到水鏡莊了！」但水鏡先生一概不理睬。

徐庶跑回宿舍，寫了封假信，哭著呈給水鏡先生說：「今天早上有人帶來一封家書，說我母親病重。我不參加考試了，請先生允許我馬上回家。」

水鏡先生搖搖頭說：「午時三刻以後就自便。」

龐統接著上前稟道：「要得到先生允許從莊裡出去，我是沒辦法了。但若是站在莊外，我倒能想出主意走進莊內來，請先生讓我到外面試一試。」

水鏡先生沒有上當，笑著說：「你別耍小聰明了，站到一旁去。」

至於諸葛亮呢？

只見諸葛亮伏在書桌上睡著了，而且還鼾聲大作，攪得大家不得安寧。水鏡先生見狀相當氣憤，要是往日早就趕他出去了，今天只好暫且先忍著。

眼看午時三刻就要到了，諸葛亮終於打了個呵欠站起來，接著滿臉怒氣地直奔堂上，一把拉住水鏡先生的衣襟，發怒道：「你這個老頭太刁鑽古怪，盡出什麼爛題目？分明是把我們當傻子耍。我不當你的弟子了，你這傢伙耽誤了我三年時間，趕緊還我三年學費！」

水鏡先生是天下名士，誰不尊敬？見諸葛亮竟這樣無禮，氣得渾身發抖，連忙呼喚龐統、徐庶等人上來，生氣地說：「快快把這小畜生趕出水鏡莊！我再也不想見到他！」

誰知諸葛亮還拗著不走，龐統、徐庶等人死拉硬拽，才把他拉了出去。

一出水鏡莊，諸葛亮就哈哈大笑起來。

龐統與徐庶不明就裡，便問諸葛亮為何而笑。諸葛亮不答，順手撿起路旁的一根柴棒，然後返身跑回水鏡莊，對水鏡先生說：「方才為了考試，萬不得已衝撞了恩師，弟子願受重罰。」

水鏡先生恍然大悟，轉怒為喜，對諸葛亮說：「你可以出師了。」

洞悉人性，就是成功的捷徑

看完這則故事，不得不佩服諸葛亮。

徐庶的苦肉計、龐統的小聰明，全都被水鏡先生輕易看破。

諸葛亮卻別出心裁，不惜演出一場違逆師尊的戲碼，不但騙過了同學，也騙過了老師，最後順利走出莊外，實在是相當高明，也難怪他後來能向劉備獻上那麼多流傳千古的計謀。

不過，仔細分析諸葛亮這一辦法，會發現他之所以能成功騙過大家的主要因素，就在於他將師與徒之間的常規打破了，還顛覆了考試的潛在規範。

在規定的時間快要到時，此刻恐怕很多人都已經放棄，老師也因此鬆懈了。諸葛亮大吵大鬧，先是罵水鏡先生竟然出這種爛題目，否定了考試本身，又要求水鏡先生退學費，打破師徒常規，被他這麼一鬧，老師只想趕快把這個學生掃地出門，哪裡還記得考試的事？

最後，水鏡先生好不容易把諸葛亮攆走，諸葛亮才笑嘻嘻地提醒大家：我出了莊，我已經通過測驗了！

洞悉人性，就是致勝的捷徑。在人生戰場，要得到出其不意的勝利，就要用打破常規的方法。遊戲規則既然是人定下的，那麼也可以用本身的能力與智慧加以改寫、顛覆。

這則傳說故事便是最好的示範。

強取豪奪，不如給他「糖果」

發現強取豪奪的「鞭子」不管用，不妨給對方一些「糖果」，收起嚴峻的面容，用另外的方法取得他人的信賴。

《孫子兵法》有句名言：「攻城為下，攻心為上。」意思是說，要想攻下敵人的城池，使用武力強攻猛打，是下下之策。

最好的辦法，就是攻心，讓敵人心中的天平向著我們傾斜。只要能夠做到這一點，那麼，不費一兵一卒就可讓對方繳械投降。其實，這一點不僅在古代戰場上如此，在現在各種戰場上，不論是政治層面、商業層面……等等，亦是如此。

三國時期，諸葛亮手下大將馬謖，平日熟讀兵書、通曉戰機，喜歡議論軍政大事，時常有不凡的見解，深得諸葛亮器重。

建興三年，諸葛亮親自率領十萬大軍遠征南中，想要徹底平定南中各部落，出發前，留守成都的馬謖前往送行。

一路上，兩個人討論起了軍事，諸葛亮問馬謖：「此次南征，我軍志在必得，不知將軍有何良言相贈？」

馬謖十分認真地對諸葛亮說：「此去南中的路途十分遙遠，該地的地形也非常險峻，而且長時間以來，南中各部落就一直不肯降服，劉璋統治西州的時候，就曾經多次進攻南中。因此，即使今天攻破南中，使他們暫時降服，等過了一陣子，他們又會起兵造反。」

「現在，丞相您傾全國兵力去討伐南中，顯示我們蜀國的強盛和威風。這樣一來，南中各部落會知道我們表面上強大無比，似乎不可戰勝，但實際上內部已經非常空虛了，他們的叛亂也就會來得更快、更猛烈，到那時南中就成了我們最大的威脅。可是，如果我們將南中的百姓斬盡殺絕，不留後患，則不符合仁義。因此，攻打南中之行絕不可倉促行事啊！」

經過一番分析後，馬謖又對諸葛亮說：「用兵之道，攻心為上，攻城為下；心戰為上，兵戰為下。一味採取武力攻打的方式，不一定是解決問題的最佳途徑，有時候反而會適得其反。我建議丞相此去南中，能夠設法運用心戰，收服南中各部落的人心，這才是上上之策，也只有這樣，才是使南中長治久安的最佳辦法。」

到達南中以後，諸葛亮運用智謀，七次擒獲南中的首領孟獲，然後又七次將他放走，一直到孟獲徹底心悅誠服，願意誠心歸降為止。這個辦法果然使南中長治久安，直到諸葛亮死亡，南中都沒有發生叛亂。

洞悉人性，就是成功的捷徑

馬謖所說的「運用心戰」，不單適用於兩千年前的三國時代，在現代各種形式的戰爭當中也是常見的手段，主事者利用各種媒體與資源，散播對敵方不利、對己方有利的消息，使得敵方的民眾人心渙散，最後達到目的。

或許有人會想，這些伎倆是政客或軍事家在玩的手段，跟我們這種小老百姓又有什麼關係呢？

其實，兵書上所說的「攻城」與「攻心」之法，就像「鞭子」與「糖果」一樣。遇到難以解決的問題、不從人願的情況時，倘若強取豪奪的「鞭子」不管用，就不妨給對方一些「糖果」、一些好處，收起嚴峻的面容，試著用另外的方法取得他人的信賴。

沒有人想被人用蠻橫、暴力的方式對待，在這種狀況下強求得來的承諾，也多半是不可靠的。相反的，如果能夠攻心，讓對方「心悅誠服」，便不易有陽奉陰違的情形發生。

想要掌握對方的心，雖然相對來說較不容易，但是一旦成功，卻是好處無窮，絕對值得我們努力嘗試。

最簡單的答案就是最好的答案

最簡單的答案，常常就是最好的答案。因為它簡單、清楚、容易理解與執行，是人類共通經驗的累積。

活學活用三國行事謀略

美國作家溫爾德·霍姆斯曾經這麼說：「瞬間的、簡單的靈感，價值有時勝於畢生的經驗。」

有時候我們窮盡心力，企圖用最貼切、最繁複的字眼或功夫去形容、雕琢一件東西，產生的結果，甚至不及瞬間靈光一閃迸發出的火花。換句話說，當我們將事情複雜化的同時，很可能就已經失去了以最輕鬆容易的方法解決它的機會了。

東漢末年，有一年的正月初一，京城洛陽發生了日蝕現象。那時候的人們認為日蝕就是太陽被天狗吃掉了，得想法把天狗趕跑，才能救出太陽。

那一天的日蝕特別厲害，明明是大白天，天空卻一下子就暗了下來。異象使皇宮裡亂成一團，尤其是皇帝當時還很小又不懂事，被嚇得到亂處跑。皇太后著急了，趕緊下令，叫宮裡的人全都快快敲鑼打鼓，搶救太陽。

這樣折騰了好一陣子，日蝕過去後太陽又出來了。

皇太后鬆了一口氣說：「哼，可把天狗嚇跑了，幸虧我命令大家敲鑼打鼓，要不然，天狗若是真的把太陽吃掉，那還了得呀！要好好把這次日蝕的情況記下來。」

大臣黃瓊很快就寫了一篇日蝕的記錄，大概的意思是：「京城洛陽一帶，日蝕情況嚴重。幸虧皇太后聖明，命令眾人不停地敲鑼打鼓，才把天狗嚇跑。國家從此平安無事，這也是皇帝的大福……」

黃瓊寫好了之後，立即呈給皇太后看。

誰知，皇太后一看就生氣了：「唉，黃瓊，你真是越老越糊塗了，光說日蝕的情況嚴重，但究竟有多嚴重呢？寫明白些吧！」

黃瓊看皇太后生氣了，嚇得冒了一身冷汗，趕緊把記錄拿回來重寫。可是，寫了半天，字斟句酌，並翻閱前人舊作，又搔頭苦思，還是無法把日蝕的情況說清楚，急得在屋子裡直打轉。

黃瓊有個小孫子叫黃琬，那時候剛滿七歲，看爺爺著急的模樣，想了想便對黃瓊說：「爺爺，您別著急，我記得天狗吃日那天，吃得最厲害的時候，剩下的日頭就跟初三、初四的月牙兒差不多。不如您就寫：太陽被食得和月牙兒差不多，這樣不就明白了嗎？」

黃瓊高興極了，就用小孫子的說法重新寫了一份，再交給了皇太后。皇太后一看，高興地說：「不錯！寫得不錯！與那天的情況一點都不差。」

洞悉人性，就是成功的捷徑

黃瓊身為大臣，見識與文筆，哪裡是七歲的孫子可比的？

但是，他的知識與學識不但沒有幫助他將日蝕的現象精準地描繪出來，反倒成爲他思考的阻礙。而他的孫子黃琬，則以最直接、最直觀的譬喻，將日蝕的情況做了最好的敘述。

將普通的事情複雜化，常常無益於解決問題，卻會爲事情加入太多自尋煩惱的束縛與限制。因此，當我們遇到麻煩，反而應該後退一步，試著換個角度思考，想想自己有沒有最簡單的方法可以解決它？

最簡單的答案，常常就是最好的答案。因爲它簡單、清楚、容易理解與執行，是人類共通經驗的累積，不受人、時、地、物的限制。

反之，想得太多，有時反倒會作繭自縛。

05

PART

設法把對手
變成自己的盟友

想要使難纏的對手成為自己的盟友，
摸清他們的習性，
然後在他們面前說出有用的語言，
無疑是相當重要的。

用機智化解自己的尷尬

烏納穆諾在《生命的悲劇意識》中說：「一個人或一個民族，所能達到的最高程度的英勇氣概，就是知道如何去面對嘲諷。」

古羅馬思想家西塞羅曾經寫道：「幽默會給人帶來歡樂，而且，常常可以產生巨大的作用。」

的確，幽默不僅能令人開懷，還有潤滑彼此關係的妙用，更可以增添自己的光采。遭遇尷尬場面，想扭轉劣勢，不妨試著用幽默的話語化解難堪。這種時候，如果懂得發揮幽默感，說些機智風趣的話語，不但可以化解原本僵滯的場面，還會讓自己更加出色。

以下，諸葛恪的幽默回應方式，頗值得我們參酌。

諸葛恪是三國時代東吳名臣諸葛瑾的長子，從小就有神童的美譽。

諸葛瑾，字子瑜，是諸葛亮的大哥，由於他的臉長得比一般人長，經常成為別人取笑、調侃的話題。

有一次，孫權宴請東吳群臣同樂的時候，又想開諸葛瑾玩笑，於是叫人牽來一頭驢子。

驢子牽來之後，孫權拿起毛筆，在驢子的臉上寫上「諸葛子瑜」四個字，在場的眾位大臣見到孫權藉驢子揶揄諸葛瑾的臉長得很長，不禁哈哈大笑。

當天，諸葛恪恰巧隨諸葛瑾前去赴宴，見到孫權和眾大臣笑聲不斷，自己的父親卻顏面無光，尷尬得無地自容，立即趨前向孫權跪拜說：「請大王把筆借我一用，讓我添上兩個字。」

孫權想看號稱神童的諸葛恪到底想要耍什麼花樣，便欣然同意，把手中的毛筆遞給了他。

諸葛恪接過毛筆，走到驢子面前，不急不徐地在「諸葛子瑜」下面，添上了「之驢」兩個字。

群臣見狀，又是一場哄笑，紛紛誇讚諸葛恪聰明機智。

孫權見狀也樂不可支，於是笑著對諸葛恪說道：「既然是諸葛子瑜之驢，那就讓你爹牽回家去吧！」

就這樣，諸葛恪不僅為父親打了圓場，化解了一場尷尬的局面，而且順手得到了一頭驢。

又有一次，孫權故意問諸葛恪：「你父親諸葛瑾和你叔父諸葛亮相比，到底是誰高明？」

諸葛恪答道：「當然是我父親高明。」

孫權要他說出緣由，他不假思索地說：「我父親懂得侍奉明主，而我叔父卻不懂得這個道理，所以當然是我父親高明。」

諸葛恪三言兩語就化解了這個既尷尬又尖銳的問題，孫權後來對諸葛瑾說道：「人們都說藍田生美玉，名門生賢良，真是名不虛傳呀！」

洞悉人性，就是成功的捷徑

烏納穆諾在《生命的悲劇意識》中說：「一個人或一個民族，所能達到的最高程度的英勇氣概，就是知道如何去面對嘲諷。」

倘使你遇到類似諸葛瑾的狀況，被人當眾揶揄嘲弄，但是，又不能當場發作的時候，應該怎麼辦呢？

也許，你只能效法諸葛恪的行事方法，試著用機智來化解自己的尷尬，試著用幽默來鍛鍊自己的臉皮，然後想盡辦法順手牽羊，讓對方因爲逞口舌之快而損失一些利益。

要過著愉快的生活，就必須提升自己的心理素質，讓自己的臉皮厚一點，鼓起勇氣面對現實，有時不妨對別人的嘲弄還以顏色。

但是，究竟要到達什麼程度，才能算是厚臉皮呢？

大概就是達到所謂「顛撲不破」的程度吧！

也許，你會覺得自己臉皮太薄，其實這完全是性格和想法的問題，只要稍加鍛鍊，就可以輕鬆改造自己，甚至達到「八風吹不動」的最高境界，用幽默的言行回應別人的揶揄、嘲諷。

只要信心堅強，就會充滿希望

俄國作家謝得林說：「要在自己的心中培養對未來的理想，因為理想是一種特殊的陽光，沒有陽光賦予生命的作用，地球會變成石頭。」

發動攻勢時，要設法攻擊對手防禦薄弱的地方，因爲此處是最爲對手忽略的地方，遭受的抵抗也最少。攻擊時，要讓對方摸不清意圖，然後伺機而動，才能出其不意地直搗對方核心。

所謂戰術，就是爲了達成目標所使用的方法，如果懂得用各種不同的戰術騷擾對方，讓他忽略你眞正的意圖，那麼勝負已可預見。

《孫子兵法》所說的「能爲敵之司命」，就是要我們瞭解、掌握巧妙的戰術，掌握了對手的命運，就掌握了勝利。

孔融當北海國宰相的時候，得知太史慈為了躲避戰禍帶著母親到了遼東，曾經幾次前去探望，令太史慈感到相當窩心。

後來，太史慈聽說孔融被黃巾賊包圍的消息後，立即從城門缺口處進入北海城中拜見孔融。

孔融請太史慈前去向劉備求救，但是，此時黃巾賊的包圍圈已經十分嚴密，難以突圍出城。太史慈想了又想，終於心生一計，隨即攜帶箭囊，手持弓箭，率領兩名騎士騎馬出城。

由於兩名騎士各帶著一百個箭靶，民眾看了大為驚訝，不知太史慈的葫蘆裡賣什麼藥。

太史慈逕自馳至城下的堤塹之內，命令兩名隨從插上箭靶，然後援弓勁射，箭射完之後隨即返回城內。

第二天，太史慈又到堤塹之內射箭。

這樣一連進行了許多天，圍城的黃巾賊對於他的舉動已習以為常，不再費心防備，或坐或臥，甚至還有人倒地而睡。

又過了幾天，太史慈整理好行裝，草草進食以後，一如往常跨上坐騎，又馳至城下堤塹之內。黃巾賊以為太史慈只是來射射箭，不料太史慈突然快馬加鞭，衝出了重圍。

等到圍城的黃巾賊驚覺，太史慈已經奔馳了數里路程，終於向劉備請來援兵，解除了孔融的圍城危機。

洞悉人性，就是成功的捷徑

古諺有云：「吾心信其可成，則無堅不摧。吾心信其不可成，則反掌折枝之易亦不成。」

只要你心中認爲事情可以成功，那麼實行起來一定得心應手；相對的，如果自己意志不堅，那麼事情可能眞的無法成功了。

心理學家認爲，意志力的強弱，其實取決於自我暗示，大部分意志薄弱的人，往往都是心中存有「自己意志薄弱」的觀念，最終成爲意志不堅強的人。

俄國名作家謝得林曾經勉勵那些意志不堅的人說：「要在自己的心中培養對未來的理想，因為，理想是一種特殊的陽光，如果沒有陽光賦予生命的作用，連地球也會變成石頭。」

只要信心堅強，就會對自己的未來充滿希望，充滿了希望，就能夠找出突圍的方法，創造令人訝異的奇蹟。

就像太史慈一樣，儘管在黃巾賊嚴密包圍之下，仍然堅定地認爲自己能衝出重圍，巧妙地運用欺敵戰術，最後終於化解危機。

不要讓一時的意氣壞了大局

周瑜適時忍讓，避開氣頭上的程普，「退一步，海闊天空」，若讓彼此的意氣之爭，破壞了團體的默契，可就得不償失了。

日本作家大久光曾經提出一個有趣的比喻：「協調關係是糖，對立關係是鹽。單單是糖太過甜膩，適度地加點鹽，人際關係才會變得更協調。」

在現代社會中，人際關係就猶如空氣一般，誰也脫離不開這張巨網，但是，光靠廣泛的交際，無法建立良好的人際關係，你必須瞭解誰才是值得你用心交往的對象，然後加糖加鹽，讓彼此的關係更緊密。

三國時期吳國的名將周瑜，年輕時就才華出眾，且儀表堂堂，相貌俊美。周瑜自小即與孫策結下了深厚的友誼，後來更傾力幫助孫策在江東開疆拓土，建立了孫氏政權。

周瑜曾隨孫策攻克皖縣，得知皖縣的喬公有兩個非常美麗的女兒，大女兒人稱「大喬」，小女兒「小喬」，於是孫策娶了大喬，周瑜娶了小喬，由此可見兩人關係之密切。

一年後，孫策遇刺身亡，由他的弟弟孫權繼位統理政事。從此，周瑜輔佐孫權，幫助掌管軍政大事，在朝中獲得很高的聲望。

程普也是東吳的名將，很早就跟隨孫權的父親孫堅，後來又幫助孫策成功經營江南，算是孫氏政權中元老級的人物。

他見周瑜年紀輕輕，地位卻越攀越高，處於自己之上，內心頗感不服，常常以老賣老，給周瑜臉色看，藉以抬高自己身價。

然而，周瑜不願和程普起衝突，所以處處克制、事事謙讓，始終不與程普計較。有一次，周瑜乘車外出，途中正好碰上程普坐車迎面而來，趕緊命車夫將車駛到一旁,讓程普的車先過。

程普目睹這個情況,以為周瑜在討好自己,感到非常得意。

西元二〇八年,曹操率數十餘萬大軍南下,結果在赤壁之戰中被東吳和蜀漢聯軍擊敗。在這次戰爭中,周瑜和程普分任吳軍左右都督,戰略主要是由周瑜制定。但事後,程普卻處處貶低周瑜,邀功自誇。

周瑜知道後不僅不予辯駁,反而順著說自己還年輕,這次戰鬥沒有程普幫助是不能取勝的。

周瑜一再謙遜忍讓,程普也察覺了。為了消除彼此的隔閡,周瑜甚至多次拜訪程普,表示願與程普攜手開創東吳新政局,強大國家的力量,與曹魏及蜀漢抗衡。

程普對周瑜深感敬服,終於拋棄偏見,與他融洽相處。後來,程普對別人感歎說:「跟公瑾(周瑜的字)相交,好比飲味道濃厚的美酒,不知不覺就醉了。」

日本作家桐田尚作曾經寫道：「要建立良好的人際關係，要先多瞭解每一個人所秉持的主觀信條和所屬環境，如此才能切入他的思想領域，和他進行更密切的溝通和良好的互動。」

程普對於周瑜能如此寬厚待人，處處謙讓自己言行，十分感動，最終二人齊心爲東吳盡心效忠。

周瑜爭一世而不爭一時，有器量地適時忍讓，避開氣頭上的程普，不與他正面交鋒，以免傷了和氣，可說是東吳之幸。所謂「退一步，海闊天空」，若讓彼此的意氣之爭，破壞了團體的默契，可就得不償失了。

程普最後能體認到周瑜的苦心，願意摒棄成見，共同爲國家效力，也算是覺悟時猶未晚。

設法把對手變成自己的盟友

想要使難纏的對手成為自己的盟友，摸清他們的習性，然後在他們面前說出有用的語言，無疑是相當重要的。

在日常工作和生活中，許多人往往過於暴露與張揚，不懂得隱藏自己，無形中把自己的一舉一動都置於別人的視野範圍之內。這樣的行爲模式並不足取，要是習慣什麼都全盤托出，不懂得運用眞眞假假、虛虛實實的技巧，很容易淪爲別人操弄的對象。

大剌剌地暴露自己的心思，把自己的言行攤在衆人眼前，是非常危險的行爲。人生戰場上，局勢往往詭譎多變，做人做事務必多留點心眼，必要的時候，還得運用一些迷惑對手的手段。

洞悉人性，就是成功的捷徑

西元二〇八年秋天，曹操平定北方之後，率領大軍南征荊州。大軍出發不久，駐在襄陽的荊州牧劉表死去，次子劉琮繼位。劉琮是個膽小鬼，聽說曹操將率軍來攻，便打算投降。

當時，劉備正駐守在襄陽附近的樊城，發現曹操大軍的前鋒逼近，只好率領部下向南撤退。隊伍退到襄陽時，劉琮竟命人緊閉城門，不讓他們進城。

此時，諸葛亮勸劉備，索性趁此機會拿下襄陽，號召荊州軍民共同對抗曹軍。但劉備曾受過劉表的恩惠，不忍背棄情義，下令部隊繼續南下，朝江陵方向撤退。

有不少襄陽百姓不願投降曹操，紛紛投奔劉備，劉備的隊伍很快增加到十多萬人。由於隨行人員眾多，行動愈來愈緩慢，有人建議劉備快點策馬先行，免得被曹軍追上。

但是，劉備認為，要成大事必須依靠人心，如今荊州父老不顧生死前來投奔，他不能不顧大家而先走。

曹軍一到襄陽，劉琮果然開城門投降。曹操知道劉備已率眾南下，便派五千騎兵追擊。不出幾日，終於在當陽的長阪坡追上了劉備。這支兵民混雜的隊伍，當然不是曹操騎兵的對手，好不容易劉備、諸葛亮等人突圍而出，退到了樊口。這時候，曹操的大軍已經從江陵順江東下。

諸葛亮對劉備說：「現在情勢危急，還是讓我去向孫將軍求援吧。」孫將軍就是東吳的統治者孫權，劉備一番猶豫權衡，終於同意讓諸葛亮去江東見孫權。

這時，孫權正率軍駐屯在柴桑觀望形勢，諸葛亮見到他，立刻開始勸說合作抗曹的計謀：「當今天下大亂，而將軍佔據了江東，劉將軍也在漢水之南招募隊伍，意欲和曹操爭奪天下。現在，曹操已平定北方，又攻下荊州，一時威鎮四海。連劉將軍這樣的英雄也無用武之餘地，所以只好退到這裡。」

接著，諸葛亮故意再激孫權：「希望孫將軍您可以衡量一下自己的實力。如果您能以江東的力量和曹操對抗，那麼就應該趁早與曹操斷絕關係；如果不能，那麼就應該收起武器向曹操投降，俯首稱臣！現在孫將軍您表面上雖服從曹操，內心卻始終猶豫不決。在緊急關頭不能當機立斷，大禍臨頭的日子將不遠了！」

孫權聽了很惱火，不禁反問道：「既然如此，劉將軍何不投降曹操呢？」

諸葛亮回答道：「劉備是漢室的後代，他的英雄才氣蓋世無雙，天下人都如此敬慕他，他又怎肯投降曹操呢？」

孫權果然因此被激怒，氣沖沖地表示，他以江東之地和十萬之眾的軍隊也不能受制於人，下決心和劉備結盟抗曹。

洞悉人性，就是成功的捷徑

想要使難纏的對手成爲自己的盟友，摸清他們的習性，然後在他們面前說出有用的語言，無疑是相當重要的。

但是，人的個性都有顯性與隱性的部分，有時並不是那麼好掌握，英國思想家培根就曾經說道：「人的天性是相當狡猾的，它可以在你警惕的時候潛伏下來，當你放鬆時再冒出頭。」

有的人平時表現出的性情，是經由環境壓抑或是下意識刻意包裝的，因此，想要爭取他們的幫助，就必須透過旁敲側擊與審慎的深入觀察，瞭解他們最眞實的內在性格，然後才能施展有效的心理戰術。

諸葛亮明白當時曹操氣焰正盛，劉備勢力尙不足，要與曹操爭鋒，勝算極微。既然暫時無用武之地，倒不如暫避鋒芒，以時間換取空間，西取蜀漢爲據守。在這樣的大戰略佈局，就必須全力爭取東南最大勢力孫權作爲奧援。

最終，吳漢聯合赤壁一役，底定了三分天下的局面。

孫權一向行事謹愼，當時仍屈居曹操之下，猶豫著是要趁機而起，還是隔山觀虎鬥。諸葛亮看穿了他的心理，簡單的一席話，「請將不如激將」，順利地激得江東十萬大軍相助。

多一分寬容，行事才會從容

如果只是因為生氣而批評，開口前最好先想一想，逞了一時口舌之快，可能忍耐多年總算能一吐怨氣，但又得到了什麼呢？

世間萬物爲了生存，都有保護自己的本能，保護的方法不外有二，一是傷人，一是自傷。壁虎遇到危險，不惜斷尾逃生，而渺小如蜂蟻等昆蟲，在遭受攻擊的時候，就算犧牲生命，也要狠狠囓你一口，螫你一記。

人與人之間也是如此，彼此沒有利害關係的時候，大家當然可以禮儀相待，什麼事都客客氣氣的，反正沒傷害到自身的權益。但是，隨著接觸的機會多了，碰撞的結果總是會有一方受到影響，如果力道太大，可能彼此都會受傷。

人受到攻擊的時候，第一個念頭肯定是反擊，而且專挑對方的弱點下手。對於了解不深的敵人，我們很難看到對方的弱點，並不是那麼容易造成有效的打擊。但是，對於關係親近的人來說，因爲我們對對方瞭若指掌，無形中也就握有了攻擊對方最致命的武器。

因爲太過親近，彼此所造成的傷害也就越深。

不可否認的，這就是人性，我們大可不必矯情地說「不論別人怎麼對待，都能甘之如飴，泯笑以待」，會心生報復總是人之常情。然而，事情一旦發生就無法挽回，如果我們耿耿於懷、念念不忘，到頭來眞正受傷的還是自己。

三國時期，有過這麼一個故事，讓我們知道處事之時多一點寬容，其實就是給自己多留一點迴旋餘地。

洞悉人性，就是成功的捷徑

陳登擔任廣陵太守期間大力革除弊政，很受百姓擁護。

有一天，他的老朋友許汜前來拜訪。言談之間，陳登發現許汜胸無大志，這次特地前來拜訪，意在謀求田地，購置房產。陳登心裡有點看不起他，接待時對他頗為冷淡。

當天晚上，許汜夜宿在陳登家。沒想到，陳登並沒有把這個老朋友當作上賓招待，只讓他睡在下床，而自己睡在上床。受到如此待遇，許汜心中耿耿於懷，很快就離開了廣陵。

過了幾年，許汜在荊州牧劉表手下任職。一次，他與劉表以及前來投奔的劉備在閒談中評論人物時，談起了陳登。許汜二話不說，劈頭就講：「陳登此人確有抱負，但待人有點粗豪。」

陳登曾擁立劉備擔任徐州牧，劉備對他評價很高，但此時不好發表意見，便問劉表：「許先生對於陳登的說法對嗎？」

劉表為難地說：「說不對嘛，許先生一向很有見識，應該不會隨便這樣評論。說對嘛，陳登卻又是名重天下的人物，似乎不至如此。」

於是，劉備乾脆直接向許汜請教：「先生說陳登粗豪，可有什麼根據？」

許汜便把幾年前到陳登那裡拜訪的事說了一遍。

劉備聽了之後說道：「如今天下大亂，連皇帝也流離失所，有志之士無不憂國忘家，以救國救世為己任，然而先生卻只想謀求田地，購置房產，貪圖安逸。看來，當時陳登的態度並無可議之處，如果是我碰到先生，將是我睡在百尺樓上，而讓先生睡在地下！」

洞悉人性，就是成功的捷徑

相信一定很多人會和劉備一樣，認爲許汜是因爲對陳登有成見，所以故意說陳登壞話，這樣偏頗的言論不足採信。

陳登確實有錯在先，僅是因爲許汜的一席話就斷定許汜貪財好利，甚至認爲這樣的人，不足以給予禮貌對待。

陳登無禮在先，許汜會有受傷的感受倒也無可厚非，當旁人問起陳登的爲人，自然多少有了些不好的言論。於是，和劉表與劉備評論陳登之際，他便趁機將自己心中的想法表達出來，這種行徑雖然是人之常情，但也算背後中傷了。

許汜因為心中記掛著對陳登的怨恨，評價難免有所偏頗，只是，批評如果加入情緒，就算是一種言語的傷害了。

英國作家約翰遜說：「發牢騷的人所能獲得的並非同情，只是輕蔑。」

這恐怕就是許汜的最佳寫照了。

想要批評別人，開口前最好先想一想，這麼做對自己是不是真的有好處，要知道在衆多被人厭惡的不良品性之中，道人是非長短始終榜上有名。

沒錯，許汜是逞了一時口舌之快，忍耐多年總算能一吐怨氣，但他又得到了什麼呢？劉備的言論在他耳裡聽來恐怕是另一種羞辱吧！

回想一下壁虎和蜜蜂的做法，壁虎自傷但保全了性命，蜜蜂傷人但同時也斷送了自己，該怎麼做，相信大家的心裡已自有看法。

嫉妒是破壞關係的殺手

情誼是需要灌溉與經營的，彼此互敬互諒，才能長長久久；這麼難得的關係，為什麼要讓嫉妒輕易破壞了呢？

英國作家法蘭西斯．培根在《人生論》一書中談到嫉妒時說：「人可以允許一個陌生人的發跡，卻絕不能原諒一個身邊人的上升。」

這句話的最佳範例，恐怕就是三國時代的魏文帝曹丕了。

歷史上記載，曹丕繼承父親的遺志奪取了漢朝江山，在三國鼎立的時代裡獨霸一方。曹丕並非不能接受良才，否則魏國也不可能和吳、蜀兩國分庭抗禮，而他自己也堪稱是文學武功皆盛的帝王，但是他一生裡卻有一個最爲畏懼與介意的人，就是他的親生兄弟——曹植。

爲了完全擺脫曹植對自己的威脅，曹丕可說是不用其極。

活學活用三國行事謀略

曹植是曹操第三個兒子，也是曹丕的同母弟弟，從小即展現了非凡的文學才華，極受曹操寵愛。曹操曾幾次打算把他立為世子，繼承自己的事業。

但是，曹植的個性不拘小節，對於法令、規矩不放在心上，常惹怒曹操，幾次遭到懲處，也毫不在意。

曹操對曹植的喜愛，看在同樣想當世子的曹丕眼裡，內心當然不能平衡，將曹植視為眼中釘，恨不得拔之為後快。

曹丕很明白，光是在曹操面前說曹植壞話，並不能就此改變曹操對曹植的看法，所以多管齊下，一方面安排幾名大臣在曹操面前說自己好話，另一方面積極塑造曹植生活荒誕不羈的形象。

百般計謀運作下，終於讓曹操打消立曹植為世子的念頭，曹丕也在曹操病逝之後順利繼承政權，自立為帝。

終於坐上帝位的曹丕，為了杜絕後患，第一時間就拿自己的弟弟開刀。他故意安了一個罪名，命人將曹植抓到大殿上來審問，聲色俱厲地指責曹植倚仗自己的才學，惡意蔑視禮法。

曹丕狠狠地責備曹植一番，而後說：「父親在世時常誇讚你的詩文，我一直懷疑有人為你代筆，你是不是真的才思敏捷無人能比，我今天倒要親自試你一試。限你在七步內成詩一首，倘若做不到，休怪我處你死罪！」

遭受兄長惡意羞辱的曹植，挺直了腰桿，點點頭說：「請皇上賜題。」

曹丕出題：「你就以兄弟為題，但是絕不許出現兄弟二字。」

曹植聽了題目，暗自思忖了一會，便邁開腳步邊走邊吟：

「煮豆燃豆萁，豆在釜中泣。本是同根生，相煎何太急？」

這幾句詩的意思是：要煮豆子做豆豉，抱來豆梗當柴燒；只見豆梗在鍋下呼呼熱烈燃燒，而豆子在鍋裡被煮得又哭又叫：「咱倆都是一枝根藤上長出來的，為什麼這樣狠心地煮我而不輕饒？」

曹植將詩吟完時，恰好走完七步。曹丕聽了弟弟所作的詩句，又豈會不懂詩中的隱喻，便免去了曹植的死罪，改將他貶為安鄉侯。

洞悉人性，就是成功的捷徑

「七步成詩」的文采，證實了曹植的文才和智識確實比曹丕高出許多，也不難了解爲什麼曹丕會對曹植的存在始終如芒刺在背。曹植或許並沒有奪權的想法，卻得承受被兄長嫉恨的結果，面對曹丕苦苦相逼，欲除之而後快的態度，他只能託言詩詞哀嘆：「本是同根生，相煎何太急！」

兩人出於同宗，原本應該相互扶持，共創天下，但如今卻落得如此兄弟相爭的局面，曹植只能藉此提出自己最沉痛的控訴。

曹丕並非完全不念親情，但是爲保自己的王位穩當無虞，於是他一步一步疏遠曹植，明褒暗貶斷其後路，致使曹植難明其志，抑鬱而終。

利益衝突，即使是親兄弟也在所難免。然而，嫉妒是破壞人際關係的殺手，曹丕排擠親弟弟是爲了消除自己心頭的陰影，但換個角度來看，他不也錯失了一位才華洋溢的得力助手？

本來，說不定靠著兄弟兩人的智謀和才幹，彼此相輔相成，可以徹底發揚魏國榮景，但最後的結局卻是政權被下屬司馬氏所篡，國祚極短，這恐怕是曹丕所料想不到的吧！

俄國作家果戈里說：「在任何人身上都有其他人所沒有的某種東西；在任何人身上並不是每一條神經都比別人靈敏，而只有友誼的交往和相互的幫助，才會使所有人都能鮮明地、多方面地看清所有的對象。」

果戈里強調了友誼互信的重要，失去了朋友和友誼，人生路難免窒礙難行。情誼是需要灌溉與經營的，彼此互敬互諒，才能長長久久；這麼難得的關係，爲什麼要讓嫉妒輕易破壞了呢？更何況血親相連，在人與人之間的關係上也更親上幾分，何不付出信任、彼此相助，讓家人也成爲我們最忠實的朋友，一起在人生旅途上相伴扶持？

全面佈局才能獲得勝利

事情想要成功，就不能冒冒失失、隨隨便便，唯有經過詳加觀察、仔細規劃、明確執行、堅持到底，才能順利收得成果。

記得有人這麼說過：「在大多數的情況下，你之所以沒有獲得某些東西，是因為你沒有去追求那些東西。」

換言之，只要你眞的有心追求，沒有到不了手的東西。

既然有所求，就要有方法，更要有策略，同時還要有耐心，如蘇軾所言：「君子所取者，則必有所待；所就者大，則必有所忍。」

唯有全面縝密佈局，才能慢慢收網，疏而不漏。

歷史上諸葛亮七擒七放孟獲的故事，就是這個道理的最佳例證。

西元二二五年，蜀漢丞相諸葛亮為了解決後顧之憂，親自率領軍隊南征。當時，南方蠻族的首領孟獲打了幾次敗仗仍不退卻，只要重新糾集了四散的族眾成軍便又來襲擊，一直是蜀漢軍極為頭疼的人物。

諸葛亮幾度和孟獲交手之後，就發現了他的缺點。孟獲雖然勇猛善戰，但是戰略極差，兵法一竅不通。一次，蜀兵假意敗退，孟獲竟然不疑有他追了上去，隨後遇上了埋伏，失敗就擒。

孟獲雖然被綑綁在地，卻滿懷英雄氣概地大吼：「死也要死得像條好漢，不可丟人現眼。」態勢從容，絕對不輕言低頭，心想大不了一死痛快。

豈料，當諸葛亮前來審問時，竟沒有下令殺他，反而親自為他鬆綁。

諸葛亮知道孟獲深得民心、待人寬厚，加上驍勇善戰的特長，因此決定勸服他歸降，為蜀漢效力。但是，面對諸葛亮好言相勸，孟獲卻傲慢地拒絕了，說他寧做死士也不為降將。

看到孟獲的態度如此堅決，諸葛亮也不勉強，只是帶著他參觀自己的軍營一巡之後，就放他回去了。孟獲心想：「這個諸葛亮人人說他聰明，想不到他竟然蠢到帶我逛軍營，哼！這軍營裡都是些老弱殘兵，軍備部署也普普通通，以前不知道虛實，不小心被你們贏了一次，這次我可不會放過機會了。」

孟獲回到自己的陣地，立刻決定當夜帶領五百名刀斧手，悄悄摸進蜀營裡偷襲。他怎麼也沒想到，諸葛亮早就佈好埋伏，等他們一行如入無人之地般進了軍營中央，四周已被蜀兵重重包圍。

可是，再度被擒的孟獲竟又再度被放回。搞不清楚諸葛亮在想什麼的孟獲，這次不敢再魯莽行事，他佔了熟悉地利之便，帶領所有的人馬退到瀘水南岸按兵不動，只要蜀軍敢越過瀘水，一到河心就下令放箭攻擊。

不只孟獲不了解諸葛亮的用意，就連蜀軍戰士也不明白為什麼主帥要如此處置孟獲，紛紛提出質疑。

諸葛亮解釋說：「我們想要徹底平定南方，就必須重用像孟獲這樣的人。如果能說服他心悅誠服地歸順，足足可抵上十萬大軍。你們或許現在會辛苦一點，可是以後就不用到這麼偏遠的地方來打仗了。」

幾番對戰之後，孟獲打從心底佩服諸葛亮的智謀。最後一次被擒時，孟獲流著眼淚說：「作戰中被七縱七擒，這是自古以來沒有聽說過的。諸葛丞相對我們已仁至義盡，我是沒有臉再回去了。」就這樣，以孟獲為首的幾個南方部族終於同意順服蜀漢，蜀漢西南就此平定無事，免去後顧之憂。

洞悉人性，就是成功的捷徑

華登．路羅斯曾經引《智慧的錦囊》中的一段話，說道：「若是必須與惡棍打交道，只有一個方法可以勝過他——就是待他如一位可敬的君子，認定他具有這樣的水準。他會因為這樣的待遇而受寵若驚，做出相對的反應，並對別人信任他而感到驕傲。」

孟獲雖不是惡棍，但他相對於蜀漢來說是一個敵人，也是一個阻礙。如果諸葛亮只是一味地壓迫，以武力逼他屈服，那麼和平只是一時的，南方部族隨時可能重新聚集、擾亂邊境。那麼一來，蜀漢光是忙於處理周邊的枝節都來不及了，哪裡有空閒與曹魏和孫吳一較長短？

諸葛亮一向以善用謀略與才智聞名，接掌相位之後，他就知道一定要先平定南方，蜀漢方能無後顧之憂。

孟獲心高氣傲，一般的勸降手段，勢必無法令他心服，於是諸葛亮預測了所有孟獲可能來攻的方式，先一步備妥防禦措施，再設下陷阱，這是得以七擒七縱的主要原因。孟獲多次被擒被縱，心知自己確實不敵，這才心悅誠服地歸順，甚至爲蜀漢招降一統南方部族。

莎士比亞這麼說過：「不應當急於求成，應當去熟悉自己的研究對象，鍥而不捨，時間終會成全一切。」

就像下棋一樣，在初盤就得佈好全局，才有贏面。事情想要成功，就不能冒冒失失、隨隨便便，唯有經過詳加觀察、仔細規劃、明確執行，並且堅持到底，才能順利收得成果。

不要為了虛名而忘了自己的目的

「外寬」是為了把自己的事業做得更好，而不是為了虛有的稱譽，如果為了虛名而忘了目的，只會看不清真相，迷昏了頭腦。

身爲一個領導者，在建立組織架構時，除了要能識人，懂得選拔合適的人才外，還要考慮如何用人，讓合適的人才發揮最大的能力。

領導者用人策略最好是要「外寬內合，用人以信」，對外親近寬容，對內則是強調組織的團結合作。

舉例而言，在三國尚未鼎足而立的東漢戰亂時代，袁紹曾經獨霸一方，軍事實力相當雄厚，最後造成失敗的原因就是採用「外寬內忌」的領導模式。

「外寬」的確能結合外在的力量，爭取更多的資源，不過對於自己部屬，他又過於嚴厲的猜忌與蔑視，終於使他民心大失。

活學活用三國行事謀略

袁紹當時是河北的大軍閥，割據一方，憑藉強大的軍事實力，在討伐董卓之時便躍居聯軍首領。袁紹有招才容賢的名聲，手下人才濟濟，其中有一位便是頗有學識的知名謀士田豐。

當劉備兵敗時，袁紹以「不失大義」之名將他收入旗下，當劉備另有所圖而以個人利益出發，勸袁紹討伐曹操時，袁紹也不假思索點頭同意。然而，就在此時，田豐卻挺身反對。

田豐認為：「曹操的軍隊士氣方銳，未可輕敵，否則，恐怕出師不利。」

袁紹聽到這番勸諫，不但沒有冷靜思考大局，衡量敵我實力，反而認為田豐懷疑自己的決定，出兵之際還說出這種助長敵人威風的話渙散軍心，登時勃然大怒，立即傳令要將田豐處斬。

所幸，在諸位大臣一再求情之下，袁紹才改而將他囚禁獄中。

後來，袁紹果然在官渡戰役大敗，回營之後將怒氣轉移到田豐身上，怪他出言不遜，出兵之前觸自己楣頭，於是賜他死罪。

洞悉人性，就是成功的捷徑

英國作家塞繆爾．約翰遜曾說：「有些人外表看起來天性純良，也常使自己和別人愉快，目的不外是為了博取別人信任。」

沒辦法，人性最大弱點就是習慣相信那些慈眉善目的人，厭惡對自己提出善意建議的人，正因爲如此，才會一步步走向失敗的道路。更糟糕的是，遭遇失敗後還遷怒，把失敗的緣由推給那些「烏鴉嘴」。

袁紹收容猶如喪家之犬的劉備，對他言聽計從，外人看來雖然是雍容大度，卻只是虛榮心作祟而已，想博得外界的美名罷了。錯把「外寬」當成目的，而不是手段的運用，對部屬提出的建議不加以思索便斷然否決，才會離心離德，在官渡之戰吞下敗仗。

「外寬」是爲了「內和」，是爲了把自己的事業做得更好，而不是爲了虛有的稱譽。如果爲了虛名而忘了目的，只會讓自己看不清眞相，迷昏了頭腦；「內忌」則會使自己漸漸地失去人心，造成忠誠的部屬漸漸遠離自己。

再完善的組織也經不起這樣的挫折，就像袁紹把田豐等忠心部屬的勇於進諫當成別有用心，終於導致自己的滅亡。

06
PART

以柔克剛，才不會兩敗俱傷

以剛克剛，容易落得兩敗俱傷，
面對剛烈之人，
更應以己之長克其之短，
而不是硬碰硬，
推向玉石俱焚的危險態勢。

多行不義只會提前埋葬自己

別動輒樹立敵人，也不要把事情做絕。多行不義的結果就是提前為自己挖掘通向死亡的墳墓，甚至不斷鏟著泥土將自己埋葬。

法國思想蒙田說：「超過尋常限度的行為，都會引來惡意的解釋，因此，我們要保持冷靜的理智，避免走向任何極端。」

不管在什麼地位、立場，都應該堅守自己的本分，但是，凡事適可而止，不要做得太過火，否則只會爲自己帶來不良的「禍果」。

三國時候，魏國有個名叫管輅的名人，從小勤奮好學、才思敏捷，尤其喜愛天文。十五歲之時，管輅已熟讀《周易》，通曉占卜術，漸漸小有名氣。

日子一久，他的名氣傳到吏部尚書何晏、侍中尚書鄧颺耳裡。這天，正好是農曆十二月二十八日，這兩個大官吃飽喝足之後，閑著無聊，便派人把管輅召來替他們占卜。

管輅早就聽說這兩個人是曹操侄兒孫曹爽的心腹，平日倚仗權勢胡作非為，名聲很不好，便想趁這個機會好好教訓他們一頓，滅滅他們的威風。

何晏一見管輅，就大聲嚷道：「聽說你的占卜很靈驗，趕快替我算一卦，看我能不能再有機會升官發財。另外，這幾天晚上我還夢見蒼蠅總是叮在鼻子上，這是什麼預兆？」

管輅想了一想，回答說：「從前周公忠厚正直，輔助周成王建國立業，國泰民安；現在你的職位比周公還高，可是向你感恩的人很少，懼怕你的人卻很多，這恐怕不是好預兆。你的夢按照占卜術來預測，也是個凶相啊！」

何晏聽了，臉色漸漸發白，管輅接著又說：「如果你想要逢凶化吉，消災避難，只有多效仿周公等大聖賢們，發善心行善事。」

鄧颺一旁聽了，很不以為然，連連搖頭說：「這都是些老生常談的廢話，聽來沒什麼意思。」

何晏則臉上鐵青，一語不發。

管輅見了，哈哈一笑：「雖說是老生常談的話，卻不能加以輕視啊！」

不久之後，司馬懿發動奪權政變，何晏、鄧颺與曹爽被依謀反罪名遭到誅殺。

管輅知道後，不禁搖頭說：「老生常談的話，他們卻置之不理，難怪落得如此下場啊！」

洞悉人性，就是成功的捷徑

存在就是合理，不存在就意味著遭到時代淘汰。

能夠從以前流傳下來的事物、道理，證明它們經歷了時代的重重考驗，其中必定蘊藏著一定程度參考的價值。

前人的成功經驗值得我們借鏡，好的方法大可延用其精神，精益求精；前人失敗的經驗，也可以讓我們明白如何規避錯誤。

管輅藉機諷何晏的故事，說明了許多爲人處世的道理雖然老生常談，卻是歷久不變的眞理，不應輕忽蔑視。

有句警語提醒我們：「路不要走絕，話不要說死。」

的確，在社會上行走，應該多給自己留些轉寰的空間，千萬別動輒樹立敵人，也不要把事情做絕。

否則，多行不義的結果就是提前爲自己挖掘通向死亡的墳墓，甚至不斷鏟著泥土將自己埋葬。

謙虛才能累積實力

驕傲使人變得無知。那些自以為是、沾沾自喜、自高自大的人，通常目光短淺，猶如井底之蛙。

驕傲自滿會使一個原本智勇雙全的人迷失了理智，會讓原本聰明的人無法鑑別敵手的實力，只會一味陶醉於自己目前的境界。你的對手就希望你像膚淺的半桶水一樣開心地叮噹作響，那麼他正好可以伺機超越你或攻擊你。

自滿自得是一種無知，無知的人最多只能得到一時的勝利。

驕傲往往和才能成反比，越謙虛的人越能累積實力。正如大才樸實無華、小才華而不實一樣，真正擁有值得驕傲才能的人往往謙遜平和，只擁有雕蟲小技的人卻總是喜歡露出一副不可一世的傲慢嘴臉。

其實，眞正相信自己的人很少，有些人的自信只不過是一種「盲目的自大」。眞正自信的人必定是有勇氣正視自己的人，這樣的自信也必定和了解自己的實力密切聯繫。

活學活用三國行事謀略

建安二四年（西元二一九年），蜀漢大將關羽出師北伐，俘虜了魏國左將軍于禁，並將征南將軍曹仁圍困在樊城。這時，吳國孫權想乘機奪取荊州，藉口召鎮守陸口的大將呂蒙回建業治病，順便共商大計。

呂蒙途經蕪湖時，駐守當地的吳將陸遜去見呂蒙，問他說：「你的防區和關羽相接，現在為什麼遠離戰區東下建業？」

呂蒙說：「我的病太重了啊！」

陸遜說道：「關羽自恃勇猛，向來瞧不起別人。現在他剛剛立了大功，更加驕傲自滿，正在一心北伐魏國，對我們吳國沒有疑忌，加上聽說你得了重病，必然更不防備。趁此時機襲擊關羽，一定可以活捉他。你到建業後見到主公，應該好好地籌劃籌劃。」

呂蒙說：「關羽一向勇猛善戰，佔據荊州以來，又廣施恩信，很得人心。江陵、公安等地仍留有重兵把守。再加上他剛剛打了勝仗，士氣更加高漲，要想攻襲他可不那麼容易。」

呂蒙到了建業，孫權問他：「你看誰可以接替你的職務？」

呂蒙回答說：「陸遜深謀遠慮，加以他名聲不大，關羽對他沒有疑忌，沒有比他更合適的人選了。但是，要告訴他掩藏鋒芒，麻痺關羽，尋找有利時機出擊，才能獲勝。」

孫權於是召見陸遜，任命他為偏將軍右部都督，接替呂蒙的職務。

陸遜到了陸口，特地差人送去禮物，並寫了信給關羽，信中說：「前不久，您看準機會出師北伐，只用了很小的代價，就取得重大勝利。聽到您勝利的消息，我們都擊掌慶賀，盼望您乘勝前進，席捲魏國，以便咱們共同輔佐漢室。我才疏學淺，最近受命來西邊任職，很希望有機會親自瞻仰您的風采，領受您的指教。」

陸遜又說：「大家都認為您的功勳將萬世長存，以前晉文公在城濮之戰立下的戰功，也無法與將軍相比。不過，傳聞魏國的右將軍徐晃率領騎兵正窺視您的防地。曹操是個很狡猾的敵人，希望您留意。」

陸遜還說：「我是一個書生，在軍事方面粗疏遲鈍，對自己的職務不能勝任，真幸運能與您這樣有威有德的人為鄰。」

關羽看到陸遜的信言辭謙卑，有請求關照的意思，對吳國失去警惕之心，便將防守荊州、江陵、公安的蜀軍調去進攻樊城，將注意力全部集中在曹操一方。

殊不知，與此同時，孫權已暗中和曹操拉攏關係，避免兩面作戰。一切準備就緒，正當關羽集中兵力猛攻樊城之時，呂蒙將戰船偽裝成商船，悄悄地沿江而上，發動襲擊，一舉奪取荊州。

洞悉人性，就是成功的捷徑

趁虛而入，攻敵不備，這是呂蒙偷襲取勝的原因，但若不是關羽驕矜自滿，也不至於落得敗走麥城、首身異處的下場。

美國企業家薩姆．沃爾頓談及自己的成功法則之時，曾經說過：「不要理睬世襲的聰明，當大家按同一個固定模式行事時，你不妨獨闢蹊徑，按另一種不同模式去做，這樣才可能獲得成功。」

驕傲使人變得無知。那些自以爲是、沾沾自喜、自高自大的人，通常目光短淺，猶如井底之蛙。

懂得自我克制，明瞭如何應對進退，知道自己不如別人的地方，並且虛心接受別人的批評指正，才能成就大事。

如果一個人驕傲自滿、狂妄自大，即使是親近的人也會感到厭惡。我們不難見到，古今中外那些創建輝煌事業的人，都時時心懷自滿招損的戒懼，普通人更應該克制自己狂妄、自傲的心態。

但是，並沒有多少人明白這個道理，即使像關羽如此智勇雙全的人也有驕傲自滿的時候，這個弱點導致他最後兵敗身亡。

逞強，只會落得悲慘下場

必須有自知之明，不管做什麼事之前都要先稱稱自己到底有幾兩重，否則就會因為一時的逞強而落得更悲慘的下場。

烏克蘭作家奧列西·岡察爾曾經寫道：「不能屈服於環境或條件，而改變自己，不然，我們就是自己的半成品。」

確實，就算烏鴉用了孔雀的羽毛來裝飾自己，終究改變不了本身是烏鴉的事實，既然如此，人又何必爲了當「孔雀」，而刻意迎合別人的眼光呢？

西元二二三年，蜀漢的建立者劉備在悲憤中病逝白帝城，隨後，他十六歲的兒子劉禪即位，人稱後主。

劉禪，小名阿斗，是個昏庸無能的君主，即位初期由於丞相諸葛亮等人輔佐，還能好好治理國家。後來，輔佐他的人先後去世了，他自己又只知道玩樂，國勢日趨衰弱。

西元二六三年，魏國大將鄧艾攻下綿竹，大軍直逼成都，劉禪只好投降，當了俘虜，至此蜀漢滅亡。

不久，魏帝曹奐命劉禪遷到魏國都城洛陽居住，並封他為安樂公，給予他很多賞賜。劉禪對此很滿足，毫不在意地在異國他鄉重過享樂生活。

當時，魏國的大權掌握在晉王司馬昭手中。有一天，司馬昭請劉禪飲酒，席間，特地為他表演蜀地歌舞。

在場的蜀漢舊臣看了，不禁觸景生情，心中十分難過，有的還掉下了眼淚，只有劉禪觀看得津津有味，樂不可支，臉上全無亡國之恨。

司馬昭見到這種情況之後，私下對一位大臣說：「一個人竟然可以昏庸到這等程度，真是不可思議。如此看來，即使諸葛亮還活著，也不能保住蜀漢的江山！」

席間，司馬昭故意問劉禪說：「你思念蜀地嗎？」

「我在這裡過得快樂，根本不思念蜀地。」劉禪回答說。

過了一會，劉禪起身離席，先前在蜀漢任職的郤正跟到廊下，暗暗對他說：「今後大將軍再問您是否還思念蜀地，您應該哭著說，我沒有一天不思念。這樣一來，您還有希望回到蜀地去。」

不久，司馬昭果然又問劉禪是否還思念蜀地，劉禪照郤正所教的說了，還勉強擠出了幾滴眼淚。

不料，司馬昭已知道郤正教劉禪說這話的情況，聽後哈哈大笑，當場加以拆穿，劉禪只得承認。

洞悉人性，就是成功的捷徑

劉禪是歷史上有名的「扶不起的阿斗」，不過，儘管他沒有治國平天下的才能，卻有著裝瘋賣傻的活命本領。

蜀漢原本就是三國之中最弱的國家，即使在名相諸葛亮治理之下，都沒有辦法興盛了，平庸的劉禪自然只求能輕鬆享樂過活。

諸葛亮死後，蜀漢很快地就投降，原本就是大勢所迫，責怪劉禪似乎沒什麼道理。身爲俘虜，他倒也不太在乎，因爲在軟禁生活，他無須管理朝政，反而落得輕鬆，開心度日。

或許看在蜀漢舊臣眼中，他這般樂不思蜀的模樣實在令人黯然神傷，但正是因爲他的平庸，讓司馬昭沒感到威脅之虞，於是留他一命，沒有趕盡殺絕。

這點說明了，人想要過得快活，就必須有自知之明，徹底認清自已的能力，以及置身於什麼環境。

不管做什麼事之前，都要先稱稱自己到底有幾兩重，不要打腫臉充胖子，否則就會因爲一時的逞強而落得更悲慘的下場。

冷靜面對，才能解決問題

能夠成功化危機為助力的關鍵，在於沒有讓當下的負面局勢影響了自己的判斷與處理能力，達成的先決條件，就是「冷靜」。

英國文人博克有句名言：「快樂時，思想容易疏略，心不可不慎；憤怒時，思想容易武斷，心不可不緩。」

人在興奮、緊張、恐懼、憤怒等等的情緒作用下，心情容易產生激烈波動，進而失去理智與判斷力，許多錯誤正是在這樣的情況下造成的。因此，不論面對什麼樣的情況，我們都要謹記，心不可不慎、不可不緩。

張遼，字文遠，是三國時期曹操的心腹愛將。在曹操挾天子以令諸侯時，張遼一直為曹操鎮守東南方，引兵抗拒東吳的進犯，曾寫下以「八百破十萬」名留史冊的傳奇戰役。

某次，曹操令張遼屯兵長社，張遼準備率領部下前往駐紮。正在這時，軍隊裡有人謀反，趁半夜四處放火作亂，導致軍心大亂，上下無不惶恐不安，眼看就要分崩離析。

身為主帥的張遼並沒有絲毫慌亂，細心聽取了軍士的匯報後，對左右的文臣武將仔細分析道：「大家不要輕舉妄動，以免中了敵人的詭計。從目前的情況來看，這不是全軍叛亂，而是某些人肆意製造混亂，趁機擾亂軍心。假如為首的我們一慌亂，兵士們肯定跟著慌，整個軍營就會立刻亂成一團，讓敵人趁虛而入，屆時，我軍將死無葬身之地。現在應該冷靜地觀察，是哪個軍營的哪個將領故意散播謠言或指揮作亂，一舉揪出幕後的真正主謀。」

大家紛紛點頭稱是，並將自己手下的士兵召集到中軍帳前。

等全體成員都到齊之後，張遼才出現在大夥面前，十分鎮定而嚴厲地命令軍中士卒說：「我知道大家是受到了蒙蔽，並非刻意造反叛亂。我軍的糧草充足，兵器也十分完好，一定能夠完成丞相的命令，不負丞相的重託。現在有人想趁機製造混亂，這種小伎倆是不會得逞的！效忠國家的人就安靜地坐在軍營中別動，否則以叛亂罪論處！誰要是敢違抗命令輕舉妄動，就視同叛亂者或其同黨，格殺勿論！」

就這樣，張遼率領手下的心腹將領和幾十名親兵衛士站在軍陣中。士兵們見騷動停止了，就安心地回到自己的營帳中坐下來待命，反倒是亂黨成員個個心慌意亂，甚至嚇得主動走出來認罪，揭發了策動叛亂的主事者。

張遼命令士兵將主謀者帶上來，然後重新召集全體士兵，當著大夥的面將其就地正法，這樣一來，再也沒有人敢煽動叛亂了。一場騷動的結果，不但沒有造成嚴重損傷，反而讓冷靜多謀的張遼將計就計，進一步穩定了軍心，將軍隊的戰鬥力與向心力向上提升。

張遼能夠成功化危機爲助力的關鍵，在於懂得用腦力，沒有讓當下的負面局勢影響了自己的判斷與處理能力。

先冷靜，才能理清頭緒，思考出解決問題的方法。不論是面對巨大的悲傷、憤怒、哀痛或欣喜，都不要讓自己輕易地被情緒牽動。心若不靜，所思所想，只不過是一時衝動、一時意氣，萬一眞的依情緒衝動行事，到頭來必定後悔莫及。

突然遭逢大難時，我們總是很難將自己從當下的情境中抽離，這本是人之常情，但是，若眞要突破現況、扭轉乾坤，進一步得到寶貴的經驗與成果，就非得要克服這阻礙不可。

唯有戰勝它，才能掌握理智的鑰匙，開啓成功的大門。

願意求進步，成功就能抓住

一個人在成功前，必定先付出了相當的努力，如果對自己現在的成就不滿意，那麼就去找出能改善、能進步的空間。

俄國作家托爾斯泰說：「天才的十分之一是靈感，十分之九是血汗。」

許多人相信命定說，認爲上天原本就不公平，總是賜給少數幸運兒較多的才能，而另外大多數的平凡人，則怎麼努力也無法獲得成功。

但是，所謂的「天才」，可能在大家所看不到的角落，默默付出了許多努力，這些辛勞得到的成果，卻被一無所知的人認定爲「天賜」。

同理，對於自身的失敗，我們也常常將責任推卸給上天，認爲自己辦不到全是因爲老天爺不賞臉。但，捫心自問，眞是如此嗎？

呂蒙是三國時期吳國的大都督，在此之前，他不過是個普通的將領，成語「吳下阿蒙」的主角就是他。

周瑜死後，吳主孫權任命周瑜的好友魯肅為大都督，負責對抗北方的曹操和西方的劉備。

魯肅雖然不具備統領三軍的豪氣，但有伯樂之才，善於發掘人才並培養任用。在吳國的眾多將領中，魯肅唯獨慧眼相中呂蒙，認定他日後必能成大器，於是加以培養，希望有朝一日能夠代替自己成為吳國的棟樑。

每每在召集眾將開會研究軍情的時候，魯肅總是有意無意點名呂蒙發表意見。呂蒙本是一員武將，講話缺乏連貫性，經常遭到眾人的恥笑和批評，但是他的意志堅決、頭腦冷靜、思路清晰，使魯肅感到很欣慰。呂蒙也有感於魯肅的賞識和提拔，暗自下苦功夫研讀古今兵書戰策。

有一天，魯肅又召集眾人開會議政，仍然準備點名呂蒙在大夥面前講幾句話。不過，還沒等到魯肅開口，呂蒙就主動站起來發言，而且說得頭頭是道，從遠古夏商周一路講到春秋戰國時期的各種典型戰例，如何以弱勝強，如何知己知彼，講述得十分清晰。

這場演說徹底征服了在場的各位將領，連魯肅都感到非常意外，驚訝地說：「呂蒙將軍，才多長時間而已，想不到你已經有了這麼大的進步！看來，現在的呂蒙不再是昔日的吳下阿蒙！」

呂蒙則回應道：「有志者，就應當時刻嚴格要求自己，不斷地學習和進步，讓大家刮目相看。」

後來魯肅病逝，呂蒙果然代替他成為了吳國的大都督。

洞悉人性，就是成功的捷徑

呂蒙之所以能成大事，在於懂得要求自己、鞭策自己，讓別人感覺到自己的進步，並以此爲目標，不斷努力，自我磨練。

能夠如此持之以恆地充實自我，改善自身的缺點，離功成名就的日子，當然也不會太遠。

不妨問問自己，離開學校，踏進社會或工作崗位之後，仍然持續不輟地進修，充實自己的知識與能力嗎？對於缺點是視而不見、不以爲意，或是不斷努力改善呢？又或者總是什麼都不做，只希望盡情玩樂、享受、混日子？

不要將成就高低的成因推給上天、推給時運。一個人在開創一番功業之前，必定先付出了相當的努力，如果對自己現在的職位或成就不滿意，那麼就去找出能改善、進步空間。

呂蒙就是因爲不服輸、不認命，所以能夠克服障礙，樹立一個最好的榜樣。世界上，沒有改變不了的命運，只有不願進步的人。

以柔克剛，才不會兩敗俱傷

以剛克剛，容易落得兩敗俱傷，面對剛烈之人，更應以己之長克其之短，而不是硬碰硬，推向玉石俱焚的危險態勢。

在社交或談判場合中，不需要太多刻意的言行表現，有時候氣定神閒、默默無言，反而會使對方摸不著頭緒，認爲你高深莫測而不敢造次，老子所說的「大辯不言」，正是這個道理。

畢竟，以剛克剛，容易兩敗俱傷；以柔克剛，才是眞正的技高一籌。

《三國演義》中，諸葛亮最為後人稱道的謀略，正是空城計。

當時，諸葛亮因為錯用馬謖，痛失街停要地，率軍退守西城。更不妙的是，司馬懿大軍逼近時，蜀軍主力恰好外出搬運糧草，城中只有數百名老弱殘兵。諸葛亮逼不得已，只好施展心理戰術，將四個城門敞開，派數十名在城門打掃，然後帶兩名童子在城頭焚香撫琴。司馬懿率領了十萬兵眾殺至城下，猛然看見諸葛亮神情泰然，談笑風生。

如此怡然自得的模樣，令生性多疑的司馬懿心中不安，狐疑多時，最後選擇退避三舍，不敢貿然進攻。

司馬懿的次子司馬昭見狀，疑惑地問：「莫非諸葛亮軍中無兵，故布疑陣，父親為何因這樣而退兵？」

司馬懿回答：「諸葛亮平生謹慎，不曾冒險，現在大開城門，必然有暗埋伏兵。我軍若貿然進攻，恐怕中他的計謀，應該盡速撤退。」

於是，魏軍兵分兩路撤退。

孔明見魏兵撤退之後，拍手而笑，身旁的部屬無不驚訝，於是就問：「司馬懿是曹魏的名將，今天率十萬精兵到此，見到丞相便速速撤退，這是為什麼？」

孔明回答：「司馬懿認為我平生行事謹慎，必定不會冒險，見到如此狀況，懷疑城內有伏兵，所以退去。我並不願意冒險，實在是萬不得已才用這方法。」

就這樣，諸葛亮不費一兵一卒，以計謀嚇退了司馬懿的十萬大軍，等到司馬懿察覺上當，已經失去最佳的攻城時機，諸葛亮的援兵業已馳回。如果，當時諸葛亮選擇了硬碰硬，勢必會城破人亡，性命難保。

洞悉人性，就是成功的捷徑

凡事冷靜處理，只要面對問題時，表現得愈自在愈不在乎，反而容易給人老謀深算的神秘感，讓人心生畏懼！

利用人性中共同的多疑猜忌的特性，來擾亂他人的判斷力，最能達到預期目標。表面上，我們看似沒有積極地採取行動，實際上卻使得對方在心理層面產生了一定的壓力。

所謂「四兩撥千斤」，便是一種以柔克剛的原理。

剛烈之人容易被柔和之人征服、利用，就像一塊巨石落在一堆棉花上，會被棉花輕輕鬆鬆地包覆在裡面，所以爲人處世應當更善於以柔克剛。

以剛克剛，容易落得兩敗俱傷；以柔克剛，則較容易馬到成功。

因此，面對剛烈之人，更應以己之長克其之短，而不是硬碰硬，造成雙方同時失去理智，推向玉石俱焚的危險態勢。

把人才用在最正確的地方

選用人才，一定要注意任人唯賢的重要性，並了解此人是否有勝任的實力，否則再美好的目標，都會事倍功半，甚至功敗垂成。

在實力決定勢力的競爭社會中，一個領導者一定必須具備識人用人的精準眼光，以及放手讓下屬發揮才華的決斷。

一個卓越的領導者，必然懂得領導統御的管理謀略，既能知人善用的人，而且也能創造良好的工作環境，讓下屬盡情發揮自己的特殊才華，如此才能善用他們替自己完成心中的計劃。

呂蒙曾經被人譏笑為「吳下阿蒙」，後來奪發圖強讓人「刮目相看」，是東吳的一員大將。赤壁大戰之後，呂蒙鎮守陸口，隔著長江與荊州相望，而關羽在劉備、孔明進入四川之後，也獨當一面，屯駐在荊州。

雖然，關羽曾經主動出擊，打下曹軍佔領的襄陽地區，還水淹七軍，擒獲了曹操的猛將于禁、龐德等人而名震天下，然而，他卻因為戰線拉得過長，憂患也一天一天地加深。

當時，魏、蜀、吳三國陷入了混戰，關羽乘機襲擊曹營，而東吳又在背後對關羽虎視眈眈，曹軍也因為屢次戰敗而對關羽懷恨在心，打算暫時與東吳聯手，協助東吳進攻關羽。

孫權看準時機，決定進攻關羽，要回被蜀軍賴著不還的荊州。

他把堂弟孫皎與大將呂蒙叫來，讓他們共同領軍作戰。

然而，呂蒙對此卻很不滿，抱怨道：「主公倘若認為呂蒙可用，則獨用呂蒙，若以為叔明可用，請獨用叔明。」

亦即，他希望孫權只須挑選其中一人領軍即可。

孫權聽了呂蒙的話，心下暗自揣測：「莫非呂蒙已有破敵之計？」於是，過了不久孫權又把呂蒙召來，說道：「呂將軍，我就任命你為領兵大都督，總管江東諸路軍馬。」

孫權獨用呂蒙，而呂蒙也不負重望，帶領東吳士兵，以「白衣渡江」之計偷襲荊州得勝。

這一役，讓關羽的軍隊失去荊州之後，喪失了後援補給，無疑是個重大的打擊，最終導致關羽在麥城一役戰敗被殺。

洞悉人性，就是成功的捷徑

不管置身什麼領域，都得面對複雜多變的戰場，都得進行激烈廝殺。在瞬息萬變的競爭中，身為一個領導者，無可避免地必須面對比過去更劇烈的環境變遷，以及競爭對手的無情挑戰，因此更必須懂得運用本身的智慧，並且將部屬用在最能發揮效益的地方。

東吳能在這次戰役獲勝，奪回荊州，多虧孫權的慧眼識英雄，給予呂蒙完全的信任，更讓呂蒙完全發揮實力，才能擊敗關羽這個強敵，這正是現代領導者應該學習的地方。

選用人才，領導者一定要注意任人唯賢的重要性，也一定要考慮工作性質是否符合部屬的特質，並了解此人是否有勝任的實力，否則再美好的目標，沒有適才適用，都會事倍功半，甚至功敗垂成。

思慮清明，才不會因小失大

要在商業競爭中取勝，千萬不能侷限於眼前的利益，而要讓自己的思慮清明，貫徹自己的計劃。

《孫子兵法．地形篇》有句話強調管理的重要：「將弱不嚴，教道不明，吏卒無常，陳兵縱橫，曰亂。」

在這裡所說的，是將領帶兵的大忌。沒有做好管理兵卒的責任，任由軍隊散亂，命令下達就沒有效果。反過來說，要打勝仗的人，沒有任何外在事物可以擾亂他的意志，所以能夠貫徹始終，達成目標。

東漢末期，西涼軍閥馬超等人攻打潼關。曹操親自率兵前往討伐，令人準備船隻，想要渡河到北面去，攻擊馬超軍的背後。

然後，正當曹操指揮渡河時，馬超的軍隊乘機突襲曹操。

許褚急忙背起曹操，想要乘船逃走，但是，那時馬超的軍隊已經殺到河岸，並且放箭射擊曹操。

該縣的知縣丁裴眼看曹操身陷險境，連忙把轄區裡的牛馬全數放出。馬超的士兵一發現牛馬，一時之間忘了自己在打仗，開始爭先恐後地捕捉。

這樣一來，馬超軍的士兵被牛馬分散了注意力，忽略了攻擊主要目標，讓曹操獲得一線生機。

由此可見，馬超帶軍，行令必然不嚴，也註定了未來的必敗之局。

洞悉人性，就是成功的捷徑

見異思遷的人，很容易就會被眼前的利益蒙住了眼睛，而遭受失敗。被小小的利潤迷惑，沒有評估各種條件，馬上購入新的金融商品，結果害公司破產、倒閉的事也屢見不鮮。因此，管理自己的心，就像是將領帶兵，進退都要有一定的法度，不能思慮混亂、妄下決定。

無法抗拒眼前利益，是人們最大的弱點，若能抓住這個弱點，不只可以求生存，還可以獲取暴利。交涉時，向對方表示他能得到什麼樣的好處，用利益來蒙蔽對方的眼睛，常能使事情朝我們預定的方向進展。

若是自己被眼前的利益蒙住了眼睛，就容易失去到手的成功。例如，某些經營者精於推銷之術，得到了許多的顧客。但是，光想著賺錢，不知提高顧客服務品質的結果，顧客感到「被騙」而不再光顧，他的事業也以失敗告終。

要在商業競爭中取勝，千萬不能侷限於眼前的利益，而要讓自己的思慮清明，貫徹自己的計劃。

07

PART

有效地分化，讓敵人自相殘殺

想要瓦解強敵的勢力，
最有效的辦法就是在對手之間
製造矛盾挑起他們的猜忌，
讓他們自行分化、自相殘殺。

做人不要太自以為是

做人必須謙虛謹慎，不要太自以為是，這樣才能博採眾長充實自己，提高自己的涵養和視野，才能得到他人的認可和尊重。

武斷、固執、自以爲是，是一般人的心理缺點，是以自我爲核心表現出來的一種自我膨脹的極端心態，往往會導致致命的錯誤。

自以爲是的人對於情勢往往充滿主觀臆想，只相信自己的智慧和能力，堅信只有自己是正確的，鄙視別人的意見和勸告。

這種人是典型的剛愎自用。

三國時期，蜀國將領馬謖從小聰明過人，父親是個軍事指揮家，戰功卓著。馬謖自幼就受到父親的薰陶，對軍事理論特別感興趣，熟讀兵書，但性情張揚，常常對人誇耀自己的才學。

馬謖的父親去世後，他的母親就告誡他說：「軍事不能誇誇其談，弄不好，就會使千萬人頭落地。你還是踏踏實實下苦功，學點真本事。」

但馬謖很不以為然，當面頂撞母親說：「妳太老了，盡抱著那些老古董不放。我為人聰明，學東西又快，別人能知十，我就能知百，妳不用擔心。」

劉備進入四川之時，馬謖跟隨大軍同行，歷任綿竹令、成都令、越巂太守。由於他讀了不少兵書，平時很喜歡談論軍事，也確實出過一些好主意，因此得到諸葛亮的賞識。

可是，劉備總覺得馬謖只會高談闊論，事實上沒什麼真本事，因此臨死前，特地叮嚀諸葛亮說：「馬謖此人言語浮誇，超過他的實際能力，不可重用。丞相要留意才是！」

但是，諸葛亮沒有把這番話放在心上。

建與六年，諸葛亮準備出師北伐曹魏，想到了咽喉之地街亭必須派重兵留守，便對眾將說：「司馬懿必定會奪取街亭，以切斷我們的退路，你們之中有誰願意帶兵去守街亭？」

話聽剛落，時任參軍的馬謖即毫不猶豫地說：「末將願帶兵前往。」

諸葛亮說：「街亭雖小，卻是我們的咽喉之路，位置很重要。一旦街亭失守，我們的人馬就死路難逃了。而且街亭這個地方沒有城郭，很難防守。」

馬謖卻不以為意地說：「我從小熟讀兵書，頗知兵法，這麼一個小小的街亭還難不倒我。」

諸葛亮提醒馬謖說：「司馬懿並非等閒之輩，你不要小看了他，況且他還有魏國的名將張郃作先鋒。」

馬謖說：「別說司馬懿、張郃，就是曹叡來了，我也不怕！」曹叡是曹操的孫子，當時魏國的明帝。

諸葛亮一聽馬謖的話，就說：「軍中無戲言，既然你這麼有把握，那就立一張軍令狀吧。」

馬謖當場立下了軍令狀，諸葛亮還是不放心，特地精選了兩萬五千精兵，並派上將軍王平去協助馬謖。王平素來謹慎，所以諸葛亮才派他同去，以防止馬謖再犯言過其實的錯誤。

諸葛亮還對馬謖、王平二人當面指示了防守街亭的佈兵之策。

但馬謖偏偏自以為是，來到街亭，當著副將王平的面說：「丞相也太多心了，難道本將就不會部署兵力嗎？」

馬謖根本沒把諸葛亮的叮囑放在心上，副將王平也奈何不了他。最後的結果是街亭失守，蜀軍大敗。

最後，諸葛亮只得無奈地將馬謖斬首了。

洞悉人性，就是成功的捷徑

像馬謖那樣自以爲是的人，通常都自我感覺良好，個人意識強烈，剛愎自用、孤傲不合群。

他們總覺得自己是這個世間獨一無二的人，無論身材容貌、知識水準、做人做事都是一流的，因此判斷事物時，往往只從自我的角度出發，用自己的標準去審視，固執一己之見，不願意改變自己的行爲方式，最後害人害己。

自命不凡、自認聰明、自吹自擂、自欺欺人，甚至狂妄囂張，這些都是自以爲是的人共有的性格特徵。這樣自以爲是的人，最信賴的人就是自己，最喜愛的人也是自己。

自以爲是的人常常被自己的雙眼欺騙，看不清事實的眞相，大腦的思維被自己禁錮，總是跳不出自己佈下的陷阱。

世界著名激勵大師約翰．庫緹斯說：「不管你覺得自己多麼了不起，這個世界總有人比你更加了不起。」

做人必須謙虛，行事必須謹愼，不要太自以爲是，這樣才能博採衆長充實自己，從而提高自己的涵養和視野。也只有這樣，才能得到他人的認可和尊重。

太過高傲，只會招來失敗

自視甚高者其實是站在一堆石頭壘堆的山丘上，立基是不穩固，只要腳下的某塊石頭一鬆動，就有墜落萬丈深淵的危險。

一個人有了一定的成就，名聲自然倍增，這時候更要提防來自四面八方的暗箭，不能因此而孤高自傲，否則便會有不測之災。

高傲是成功者的大頭病，是英雄腦袋中的惡性腫瘤，是天之驕子的致命剋星。

人越是有成就，就越容易失去警覺，越容易遭到暗算，接踵而來的便是失敗。

西元二一九年七月，吳國將領呂蒙專程求見孫權，建議趁關羽和曹操陣營在樊城作戰的時候偷襲荊州。

這個建議正合孫權之意，立刻委以重任。

可是，關羽的警覺性不但很高，而且荊州軍馬整齊，沿江又有烽火台警戒，互通軍情，難以正面攻破。呂蒙正在苦思偷襲之策時，恰好陸遜來訪，獻了一條詐病之計。

陸遜說：「關羽自恃是蓋世英雄，無人可敵，唯一忌憚的就是將軍你了。將軍可趁此機會裝病，把陸口的軍務交給別人，讓關羽驕傲輕敵。這樣，關羽就會把防守荊州的兵馬調去攻打樊城。一旦荊州沒有防衛，將軍只需用一旅的軍隊偷襲，便可以奪下荊州了。」

呂蒙大喜，立刻託病回到建業。

關羽得到消息，知道呂蒙病重，已離開陸口，遂有輕敵之心，下命令把原來防備東吳的軍隊陸續調往樊城前線。

就在這時，曹操派使者來到吳國密謀，要求孫權出兵夾擊關羽。孫權早已決定要襲取荊州，馬上同意，形勢急轉直下。

孫權拜呂蒙為大都督，總制江東各路兵馬，襲擊關羽的後方。呂蒙到了海陽，使出「白衣渡江」之計，命士兵們假扮成商人，潛入烽火台，最終攻取了荊州。

事情演變到了這個地步，關羽才知道自己太大意，帶著日益減少的人馬準備南下收復江陵。但是，在呂蒙、陸遜分化瓦解下，關羽得不到救援，只能步步敗退，最後困守麥城。

在麥城既得不到西川的消息，又盼不來援兵，最後關羽只好帶一部分士兵偷偷地從城北小路逃往西川。但呂蒙早已派兵埋伏，一陣鼓響，伏兵四出，關羽被生擒活捉。同年十二月，關羽被斬首，荊州各郡縣皆歸東吳。

洞悉人性，就是成功的捷徑

關羽之死，雖然令人感歎，卻也爲後人提供了一個偷襲致勝的計謀，像他這樣的蓋世英雄，尚且過不了高傲這關，更遑論其他人了。

從旁觀的角度來看，自視甚高的人其實是站在一堆石頭壘堆的山丘上，立基是不穩固的，只要腳下的某塊石頭一鬆動，就有墜落萬丈深淵的危險。

然而，那些不可一世的人卻渾然不覺，仍然陶醉於「一覽衆山小」的壯志豪情中，殊不知正是這種時候，理智、判斷力最容易遭到蒙蔽，只要略施小計，他們腳下的石頭就會鬆動。

以智取勝，才是真正的領導高手

謀略可以以弱勝強、以少勝多，可以化劣勢為優勢，最終取得勝利。對於戰爭局勢而言，它可以扭轉乾坤；對於人本身而言，它可以改變你的一生。

最理想的用兵大計是以智取勝，上兵伐謀，鬥智不鬥力，將重點放在擾亂和摧毀敵人的智囊謀略上。《孫子兵法．謀攻》中這樣論述：「故上兵伐謀，其次伐交，其次伐兵，其下攻城。」

用兵的上上之策，是能識破並打亂敵方的作戰意圖和謀略，摧毀他們的智囊機構，其次是要切斷敵國與其周圍國家的聯絡與交往，使之處於孤立無援的境地。最後才是與敵人進行正面戰鬥，以凌厲的攻擊取得勝利。最愚蠢的下策則是爲了攻取城池而與對方進行消耗戰，此舉不但勞民傷財，本身犧牲巨大，而且不一定有什麼好結果，經常得不償失。

在市場經濟的廣闊天地裡，領導者的謀略或策略往往是商務活動的依據和根源，在瞬息萬變的生活中，現在與以後的情況將變得如何，我們並不大可能有百分之百的把握，更不能只靠主觀的臆測了。

活學活用三國行事謀略

東漢末年，各路軍閥割據稱霸。劉備雖然後來成為三分天下的霸主，但在三顧茅廬之前，尚無立足之地。

後來，他採取諸葛亮「東聯孫吳，西和諸戎，南撫彝越，北拒曹魏」的戰略方針，終於建立蜀漢政權。其中的「東聯」、「西和」、「南撫」都是《孫子兵法》所說的伐交。正是由於伐交成功，才造成了三國鼎立之勢。

赤壁大戰前，諸葛亮出使東吳，舌戰群儒，聯吳抗曹可說是一次伐交傑作。

當時，雄心勃勃的曹操率軍南下，勢如破竹，直達長江，下書孫權，宣稱將以百萬大軍「會獵」江東。

東吳朝野，很多人被「百萬」這個數字嚇壞了，主降之聲甚高，弄得一向有主見的孫權也惶恐不安。

正在這時，諸葛亮出使東吳，輕搖羽扇，分析說：「曹操號稱百萬大軍，其實他的老底子只不過四五十萬，並由於攻城掠地，戰線拉長，已分出許多人馬去把守；加上曹軍皆北方人，不服吳楚的氣候水土，中暑病倒者甚多，現在能直接參戰的只有一二十萬人。曹軍勞師遠征，兵困馬乏，而且要攻佔江東必須水戰，他們都是些旱鴨子，連戰船尚且坐不穩，哪裡抵得上江東諳習水性的強兵？」

諸葛亮還指出，西北方的馬超、韓遂隨時可能舉兵，曹操有後顧之憂。這樣一剖析，孫權頓開茅塞，頻頻點頭稱是，終於下定聯合抗戰決心。

赤壁戰爭過後，曹操擔心孫劉聯盟羽翼豐滿後難以抑制，曾下令再次起兵南征，意圖攻取江東，平定荊州。

孫權、劉備得此消息，不禁恐慌起來，準備再次聯合抗曹。諸葛亮則氣定神閒說：「不消動東吳之兵，也不消動荊州之兵，就可以使曹操不敢正視東南。」

情勢果然如諸葛亮所料，曹軍始終未曾南下。這次，諸葛亮使出的法寶仍然是「伐交」。

原來，曹操殺了征南將軍馬騰，而馬騰之子馬超正率領著西涼之兵，打算攻打關中。馬超和曹操有殺父之仇，孔明趁此機會以劉備名義給馬超寫了一封信，說明現在曹操準備南下，他入關報父仇時機到了。

馬超果然起兵，一舉攻下長安，曹操見後院起火，哪還顧得上南征？

洞悉人性，就是成功的捷徑

赤壁之戰以弱勝強，既是軍事鬥爭的勝利，也是外交上的傑作。

《孫子兵法》所言「上兵伐謀」，運用到商場上，強調應事先調查好對手的市場經營狀況，以及他們的商戰原則和策略步驟，這樣方能對症下藥，採用適當的策略反擊，一舉將對手擊潰。

很多時候，謀略可以以弱勝強，以少勝多，可以化劣勢爲優勢，最終取得勝利。

對於戰爭局勢而言，它可以扭轉乾坤；對於人本身而言，它可以改變你的一生；對於企業界的領導者而言，它可以使你在商海來去自如；對於政界的各級領導人來說，它可以使你威信大增、聲譽日隆。

「君子鬥智不鬥力」，強調眞正的領導高手要懂得以智取勝的要訣。而「上兵伐謀」則包含了兩方面的意思，一是自己必須以智勝敵，善用計策，不戰而屈人之兵，不動一兵一卒而使敵人降服，這才是眞正的領導高手。

另一方面，則是在攻擊敵人的時候，要集中力量和智慧破壞敵方的謀劃，不讓敵方的計謀得逞。

見獵心喜，就容易忽略危機

見獵心喜是人的通病，尤其平白無端撿到好處，更容易讓人得意忘形，而忽略了可能隱藏其中的危機。

粗枝大葉有時叫豪爽，有時則叫粗心；謹慎小心有時叫仔細，有時則叫多疑！什麼時刻該粗枝大葉，睜一眼閉一隻眼，什麼時候又該謹慎小心，明察秋毫，似乎要看什麼事、什麼對象而定。

事實上，如果碰上無傷大雅的事情，不論以什麼態度來應對，都不會有問題。一旦碰上關係著得失成敗，甚至有性命之憂的事務，應該謹慎小心時，就不能粗枝大葉、馬馬虎虎！

三國時期，吳國大將呂蒙接受蜀漢的荊州城守將麋芳投降後，還沒看到麋芳的本人，就高興地召集所有將領，準備飲酒作樂，大肆慶祝一番。

看到這種情形，呂蒙身邊的謀士虞翻對他說：「就目前的訊息來看，投降我們的不過是麋將軍一個人而已，至於城內其他人的想法如何還不知道，我看還是得先進城看看，確認一下才好。」

呂蒙接受了虞翻的看法，就馬上要行動。

這時候，虞翻又說：「別那麼急，如果城內設有伏兵，我們兩個都會完蛋，還是和麋芳一起進城比較保險。」

入城之後，虞翻挾持麋芳，並發佈假令命說：「我麋芳今天脫困回來，願意與大家共生死，如果有誰願意出面抵抗敵軍，我會相當感激！」

說完，一些根本不想投降的將領陸陸續續走了出來。虞翻將他們全部捕殺，呂蒙這才安安心心地進佔荊州城。

洞悉人性，就是成功的捷徑

見獵心喜是人的通病，尤其平白無端撿到好處，更容易讓人得意忘形，而忽略了可能隱藏其中的危機。

凡事太天真、太單純，往好的方向想是樂觀、豪爽、沒心機，可是往壞的一面想，則是愚蠢、沒腦子！

這些道理很平常，只是有時候，情緒HIGH過頭了，難免就會忘記。

虞翻是個經學專家，心思細膩周到，處事有節有律，呂蒙有了他當參謀，才免於人頭落地。事實上，任何團體、組織如果缺乏虞翻這種類型的人物，恐怕都很難不自亂陣腳，把可以贏的棋局玩到輸掉！

有效地分化，讓敵人自相殘殺

想要瓦解強敵的勢力，最有效的辦法就是在對手之間製造矛盾挑起他們的猜忌，讓他們自行分化、自相殘殺。

義大利政治家馬基維利曾經在《君王論》裡寫道：「雖然欺詐在其他一切場合都是可惡的，但在戰場上，欺詐卻是值得稱讚和光榮的。」

確實如此，雖然行事光明磊落是大多數人讚許的做人準則，但置身複雜險惡的競爭環境之中，想要戰勝強大的對手，在關鍵時刻卻不得不耍些手段，設法削弱對方的力量。

面對強敵的威脅，只要玩弄分化的手段，讓對手起內鬨，使他們無法槍口一致向外，最後的勝利當然是站在我們這邊。

活學活用三國行事謀略

東漢末年，王允與呂布等人合謀誅除董卓，接著便在朝中捕殺董卓餘黨，這也引起了董卓部將的不安，李傕、郭汜立即發動暴亂，很快地便攻下長安，殺死王允，控制了朝政。

然而，李傕與郭汜卻放縱兵士在長安大肆搶掠，導致居民死傷數萬，讓太尉楊彪、司馬朱俊等元老重臣處心積慮想除掉二人。只是，該如何拆散他們二人，卻是一項大難題。

這天，楊彪與朱俊計議說：「聽說郭汜的妻子很愛吃醋，我們可以散佈謠言，說郭汜與李傕的妻子有染，如此一來，她一定會禁止郭汜與李傕往來，然後我們再暗中派人召曹操入朝勤王，乘二人分裂之時攻打他們。」

果然，當八卦消息傳到郭汜妻子的耳裡，她便處處阻礙郭汜到李傕家。有一次，李傕在家中宴客，見郭汜沒有出現，便派人將飯菜送至郭家，沒想到郭妻居然暗中在菜裡放了毒藥後才端給郭汜。

郭汜剛要吃下，他的妻子連忙阻止，說這些飯菜十分可疑，不如先丟一些給狗吃。沒想到，狗才吃了一口，便倒地死亡。

從此，郭汜對李傕有了間隙。

又過了幾天，李傕又在家設宴請郭汜，巧合的是，郭汜那天回到家後，居然肚子絞痛起來，郭妻更煞有其事地幫他催吐。沒想到，一番催吐後，郭汜的肚子居然不疼了，這個巧合更令郭汜從此惱恨李傕。

他心裡想著：「李傕這廝不懷好意，處處想置我於死地，如果我再不先下手，必然會被李傕所害。」

於是，他立即調動自己的軍隊，準備進攻李傕，而李傕在家中聽到郭汜的行動，也立即整兵備戰，郭、李聯盟就這麼徹底瓦解了。

克敵制勝的方法人人都有，只是巧妙各有不同，想要瓦解強敵的勢力，最有效的辦法就是挑起他們的猜忌，讓他們自行分化、自相殘殺。

聰明的老臣們沒有直接針對著主角，而是從郭汜的妻子下手，借別人的手來推動分化計謀，自己又能總攬全局，不必耗費任何精神力氣，自然是妙招了。

再聰明的人也會有盲點和弱點，讓對方不自覺地曝露自己的缺點，是許多教戰守則裡一再告訴我們的絕妙方法，只要能靈活運用，在對手之間製造矛盾的缺口，便能爲自己創造一個機會的入口。

性急躁進不如聰明退守

想要成功無須急躁，才能更不必急著展現。別擔心時間不夠，因為選錯了表現的時機，反而容易錯失更多機運。

與其硬著頭皮前進，不如冷靜後退。不必為一時的失敗感到煩惱，也不必對尚未達成的目標太過焦急，人生雖然不長，但是只要認眞籌謀，時間終究會慢慢地跟著我們前進，直到心願完成爲止。

腳步不必太急躁，只要目標明確，即使是暫停行進，時間也會爲我們停格，直到我們再度抬起前進的步伐。

司馬懿年輕時就很有謀略，又行事果斷。曹操聽聞他的聲名，想聘他為官。

但司馬懿見漢室衰微，曹氏專權，便假託身患風痺，不能起居，予以推辭。曹操自然不信，派人扮作刺客前去驗證。司馬懿在深夜之中，見有人闖入自己的臥室，舉劍奔自己刺來，大吃一驚，但他立即悟到這是曹操派來的人，於是躺在床上，一動不動，任憑刺客處置。

刺客見狀，認定司馬懿真患了風痺，收起利劍，回稟曹操去了。

但是，司馬懿不能永遠躺在床上，於是便裝作病情逐漸好轉，有節制地進行活動。曹操探知，又派使者請他到朝廷任職。

司馬懿審時度勢，知道如果再拒絕恐怕招來不測，況且天下大勢已盡歸曹操，便隨使者去見曹操，很得曹氏父子賞識。

不過，精於人事的曹操很快察覺司馬懿潛伏的野心，認為他不是甘心居於臣下的人，開始用疑懼的眼光看著他。這些細微的變化，機敏的司馬懿立刻警覺了，開始計較眼前的蠅頭利益，把一些日常生活小事看得很重，裝出一副胸無大志、目光短淺的模樣。

司馬懿斂收鋒芒，曹操竟又一次被他瞞過了。另外，他還暗中為曹丕出謀獻策，不斷擴張自己的勢力。

曹丕死後，西元二三〇年，魏明帝拜司馬懿為大都督，與蜀漢抗衡。當時的蜀漢，無論人力、物力都沒有魏國雄厚，若要取勝，必須速戰速決。司馬懿看透了這一點，堅守陣地不出戰。諸葛亮派人給他送去女人的衣服、首飾，試圖激怒他，他也坦然受之，始終不派出一兵一卒。

最後，諸葛亮積勞成疾，病死在五丈原，蜀兵只好退回。

西元二三七年，魏明帝病逝，臨死之時，將太子曹芳託付給大將軍曹爽和司馬懿。曹爽把持朝政，對司馬懿不放心，司馬懿又一次假裝自己生了大病，曹爽派心腹李勝去探看，見司馬懿「令兩婢侍邊，持衣、衣落；復上指口，意渴求飲……」。

李勝回覆，曹爽放下心來，再不懷疑。

十年之後，毫無戒心的曹爽陪同小皇帝曹芳離開京城，在家裝病的司馬懿突然乘機發動政變，獨攬大權。後來，司馬師、司馬昭兄弟掌控朝廷，再後來，他的孫子司馬炎廢魏帝，建立了晉王朝。

洞悉人性，就是成功的捷徑

司馬懿老謀深算既爲自己免除災難，又爲後代建立王朝謀得權勢，印證了「多算勝，少算不勝」的道理。

聰明的人從來都知道掌握正確時機，所以司馬懿劉備與曹操過招時的訣竅正是：「想要成功無須急躁，才能更不必急著展現。別擔心時間不夠，因為選錯了表現的時機，反而容易錯失更多機運。」

冷靜沉著是司馬懿能在三國中佔一席之地的關鍵。曹操性格急躁多疑，自以爲小心謹慎，事實上卻是漏洞百出。他急於探測出對手的企圖時便出現了盲點，忽略了司馬懿的隱忍計謀，反而被欺騙。

日常生活中，你是否也曾經犯了同樣毛病，爲了自己的躁進與焦急，必須一再地修補許多可以避免的錯誤呢？

人心險惡，不能不防！時機未到前，冷靜、耐性將是支撐成功的兩大支柱。

不要讓敵人有喘息的餘地

敵人弱勢就該乘勝追擊，一股作氣，不容其有喘息之餘地。否則縱虎歸山，當他重新整備捲土重來之際，恐怕又是另一番局面。

不論是國與國交戰、企業與企業談判，或是處理人與人之間的複雜關係，其實都像行軍作戰一樣，要保持冷靜的思維，先摸清對方的行爲模式與心理特質，然後及時展現自己的謀略。

不管面對什麼情況，都要事先做好充分準備，全力攻擊對方的弱點。

想要奠立成功的基礎，方法其實很簡單，那就是客觀地分析敵我情勢，掌握自己的行事節奏，明白自己運用的戰略，一旦採取行動就要貫徹到底，千萬不要因爲一時心軟手軟而放過奄奄一息的敵人。

杜預學問淵博，見識廣遠，能文能武。擔任文官之時，經常能提出安邦治國的好建議；擔任武將時，善於謀略、率軍打仗屢建戰功，晉武帝時封為鎮南大將軍，總督荊州一帶的軍事。

西元二八〇年，杜預向晉武帝司馬炎建議，吳國已經勢微，應該趁機討伐。獲准之後，他調兵遣將，出兵不過短短十天，就佔領了長江上游的許多城池，接著又用計活捉了吳軍都督孫歆，以及高級文武官員兩百多人。

當時有人認為吳國建國多年，實力不可小覷，不可能一下子就將它徹底消滅，又適逢夏天，氣候炎熱，很容易流行疾病、瘟疫，何況因暴雨而河水氾濫，對於部隊作戰十分不利，因此建議暫時收兵，等到冬天再集中火力進攻。

但杜預強烈反對，主張乘勝追擊，不給吳軍喘息的機會。

他說：「現在我軍連勝幾仗，軍威大振，更應該以這種旺盛的鬥志去進攻。吳軍已連吃敗仗、士氣低落，繼續打下去，其形勢就像用利刃劈竹子一樣，前幾節破開了之後，後幾節只要刀刃一進，竹子就順勢分為兩半。」

於是，在杜預的謀劃之下，晉軍繼續前進，一股作氣地進逼吳都建業，短短一個多月，沿途所經過的城池，無不輕易擊破，就這樣一舉攻佔了吳國。

洞悉人性，就是成功的捷徑

敵人強勢則避其鋒芒，再伺機而動；敵人弱勢則乘勝追擊，一股作氣，不容其有喘息之餘地。否則縱虎歸山，當他重新整備捲土重來之際，恐怕又是另一番局面，無法保持目前的優勢。

杜預深明其中道理，知道東吳氣弱早已不堪一擊，萬萬不能就此鳴金收兵，反而要傾全力一舉攻滅。如此挾帶著強而有力的軍勢，對手必定不敢與之抗衡，便可不費兵卒而輕鬆獲勝。杜預觀察敏銳，調兵遣將明快果決，靈活運用謀略，使敵人防不勝防，難怪有「杜武庫」的美稱。

越貪婪越容易受騙上當

少一點貪婪，多一點踏實，我們才能真正地享受生活的樂趣，也才能開開心心、自由自在地享受富足人生。

貪婪是人性的一大弱點，貪婪的念頭一起，便會讓自己陷入危機之中。即使明知眼前方向有誤，很多人還是會盲目地踏上。

抑制不了貪婪的人，往往都得等到大難臨頭、跌入谷底之後，才會驚覺這一切不過是華麗的騙局！

東漢時期，大宦官張讓不僅獨攬大權把持朝政，更敢隻手遮天。朝野人士都知道，若想得到提拔、升遷的機會，便得先過張讓這關。因此，一些想快速升官的人，都搶著巴結張讓府邸裡的人。

有個初到京城的富商孟倫，一到洛陽便聽說這個消息，他仔細了解情況之後，心中有了絕妙的生財之道。

孟倫還打聽到，由於張讓平時都得在宮中侍候皇上，家中全由一位管家主持事務，每個想求見張讓的人都得先經由他安排。

探明情況之後，孟倫便從這位管家著手。

他打聽到管家經常上的酒館，便在那裡等候，伺機接近。他很幸運，第一天等候便等到了管家。

管家享用完餐點後，卻發現忘了帶銀子出門，所幸他與酒館老闆早已熟識，便言明暫時賒帳，等下回光顧時再付。

不過，這時孟倫卻立即上前解圍：「管家，您這頓飯我請。」

只見孟倫大方地拿出銀兩支付，接著便與管家閒聊了起來。受人恩惠的管家心中甚是感激，再加上兩人交談非常熱絡，孟倫與管家很快地便成為朋友。

魚兒上鉤了，孟倫更是用心奉承，很快地便擄獲了管家的心。管家收了孟倫不少好處，但孟倫卻從來都沒有要求回報，慷慨到讓慣於「吃黑」的老手也心生愧疚之意。這天，他問孟倫：「你有沒有需要我幫忙的地方？」

孟倫一聽，連忙說：「我本來就喜歡結交朋友，別無所求，不過，如果您不為難的話，我很希望您可以當眾對我一拜。」

管家笑著說：「這有什麼難的！」

第二天，孟倫來到張讓府前，那些盼望升遷、趨炎附勢的小人也早已擠在門前，靜靜等待管家開門安排。

不久，管家領著奴才們開門見客，眾人立即湧上前去。

這時，管家卻忽然揮了揮手，領著奴才們朝著孟倫的方向前去，接著帶頭向孟倫行跪拜禮，然後客客氣氣地引領他進入府邸。

眾人一看見管家對這個陌生人如此恭敬，不禁議論紛紛，心裡揣測：「他一定是張府的重要人物。」

「這個人和張讓的關係肯定非比尋常。」有人交頭接耳說。

於是，那些等不到管家的人紛紛轉向拜託孟倫，將原本要給管家的金錢，全數送到了孟倫家。

至於孟倫，當然早預料到這種結果了，他在管家身上下那麼多的功夫，無非就是為了今天。面對這些捧著金銀財寶上門請求的人，孟倫一概允諾，不到十天，便累積了萬貫家財。

那麼人們的請託呢？

自從有天黑夜孟倫舉家偷偷離京後，就再也沒有下文了。

洞悉人性，就是成功的捷徑

不知道是孟倫太奸詐，還是被慾望蒙蔽的人根本看不見現實眞相？

這個故事的重點，並不在於管家被利用了，也不在於奸商的本質太過詭詐，關鍵其實出在「求官者」的身上。若不是他們利欲薰心，被孟倫摸清急於求官的弱點，他們怎麼可能會被欺騙？而且是被騙得血本無歸？

這類故事古今皆有，在在說明如果能少一點貪婪之心，社會上受騙的人自然會少一些。

世上沒有白吃的午餐，沒有付出努力而得到的財富，原本就讓人感到不踏實了，更何況是故事中那些只懂逢迎巴結而沒有實力的求官者呢？抑制不了貪婪的人又怎麼可能真正地得到成功的機會呢？

真正的機會要靠自己創造與爭取，如此才能清楚掌握自己的未來，也才能不必受制於人，自在地享受豐收的果實。

少一點貪婪，多一點踏實，才能真正地享受生活的樂趣，也才能開開心心、自由自在地享受富足人生。

08

PART

要審時度勢，更要活用情勢

關羽借水而戰，取得了輝煌的戰績，
除了善於審時度勢之外，
還得益於善於運用情勢。
運用情勢之前，
必須安排好各項部署，
才能達成預期的目標。

優秀，只在必要關頭展露

地位未穩固之前，最聰明的方法，就是別讓鋒芒太露。掌握該藏則藏、該露則露的行事策略，才是最佳選擇。

現實生活中，許多身懷絕技的人都顯得謙虛謹慎，把自己的「絕世武功」隱藏得非常嚴密。

這麼做的主要原因，在於製造「不鳴則已，一鳴驚人」的效果。這裡所謂的隱藏，只是爲了更好地表現，預示著正在尋求有利突破點，等到準備充分、時機成熟，再充分地發揮表現，使自己脫穎而出，成爲衆人的注目焦點，得到成功。

三國時期，龐統號稱「鳳雛」，是與諸葛孔明齊名的能人，無奈天生相貌醜陋怪異，不太受人喜歡。

龐統先投奔吳國，孫權嫌他相貌醜陋，沒有留用。見得不到發展，龐統決定轉投奔蜀國的劉備。

臨行前，孔明特意交給龐統一封親筆寫的推薦信，表示劉備一見此信，定當重用。但龐統見到劉備之後，並沒有將推薦信呈上。

儘管龐統名氣頗大，但劉備也嫌棄他的容貌，只讓他去治理一個不起眼的小縣。身懷治國安邦之才的龐統，並沒有為此耿耿於懷，他深知靠人推薦難掩悠悠眾口，自己要等到該露臉的時候才露臉。

皇天不負苦心人，後來終於讓龐統抓到一個好機會，當著劉備義弟張飛的面，將一百多天積累的公案，用不到半日時間就處理得乾淨俐落、曲直分明，令眾人心服口服。

龐統能屈能伸，妥善掌握該藏則藏、該露則露的做人做事原則，不久後便被劉備提升為副軍師中郎將。

洞悉人性，就是成功的捷徑

在團體中，表現得太出色、太惹眼，勢必會遭人嫉妒、中傷，此時，就需要將鋒芒藏起來，以免成爲別人的箭靶。

當然，隱藏必須有限度，最終目標還是爲了取勝。

當你認爲表現的好機會到來，傾力施展才華就能夠一舉成名時，千萬不能猶豫，應該把所有技能展現出來，使自己脫穎而出。此時，他人再怎麼嫉妒、中傷，也不會有實質意義跟影響了。

地位未穩固之前，想在一個團體中安身立命，最聰明的方法，就是別讓鋒芒太露。掌握該藏則藏、該露則露的行事策略，才是最佳選擇。

要審時度勢，更要活用情勢

關羽借水而戰，取得了輝煌的戰績，除了善於審時度勢之外，還得益於善於運用情勢。運用情勢之前，必須安排好各項部署，才能達成預期的目標。

《孫子兵法》強調：「古之所謂善戰者，勝於易勝者也；故善戰者之勝也，無智名，無勇功。」

確實如此，善於作戰的人，總是能夠適時運用計謀，抓住敵人的弱點發動攻勢，用不著大費周章就可輕而易舉取勝。

聰明人必須根據不同的情勢，採取相應的對戰謀略，不管伸縮、進退，都應進行客觀的評估，如此才能獲得勝利。

千萬不要錯估形勢，否則只會讓自己一敗塗地。

赤壁大戰後，三國鼎立的情勢形成，劉備攻取了西川，自立為漢中王，封關羽為五虎大將之首，並讓他留守荊州。

孫權早就想奪回荊州，於是與曹操約定共同出兵。曹操也想藉此機會報赤壁之仇，就派于禁率領七軍共十餘萬人前去攻荊州。這七軍都是北方各郡招來的精兵，先鋒官龐德更是驍勇善戰的沙場猛將。

關羽初戰不利，被龐德射中一箭，只好閉門堅守。這時，東吳孫權的軍隊也在荊州附近蠢蠢欲動，形勢對關羽十分不利。

曹軍主帥于禁見關羽閉門不戰，就把大軍駐紮在山谷中，以避夏日酷熱。關羽聽到消息，不等傷口痊癒，就前去察看地形。見曹軍依山築寨，不遠處襄江水勢洶湧，關羽頓時計上心頭。

回到寨中，他立即下令全軍準備船隻、木筏等水上工具，並對心腹將領們說：

「這兩天可能會下大雨，襄江必定暴漲，你們帶人去堵住各處水道，等發大水時，放水一淹，曹軍自然全軍覆滅，到時我們只管坐船抓俘虜就行了。」

命令下達，眾將各自準備去了。

不久，果然暴雨直落，數日不停，襄江水勢猛漲。關羽命令全軍將士登上船隻、木筏，又叫各處水道立即放水。只見洪水滾滾而來，曹軍將士大半被淹死在水中，剩下的全成了俘虜，主帥于禁被生擒，先鋒龐德被斬，十萬大軍就這樣被關羽輕而易舉地消滅了。

洞悉人性，就是成功的捷徑

三國是一個比奸比詐的傳奇時代，上演著各種爾虞我詐、鬥智鬥力的戲碼，也在一場場人性博弈中演繹出許多經典故事。

「水淹七軍」無疑是個善用地形與氣候而致勝的經典戰例，故事中，關羽以靈活思考與應變謀略，取得輝煌勝利。

關羽借水而戰，消滅曹操十萬大軍，取得了輝煌的戰績，除了善於審時度勢之外，還得益於善於運用眼前各種情勢。

夏日酷熱多暴雨，于禁結營築寨模式，給了關羽羽發動水攻的良機。關羽在實施水淹七軍的計劃之前，先派人做好了堵水、造船的準備工作，只待天降大雨。這個戰例說明，現實生活中各種形勢都有爲自己所用的可能，運用情勢之前，必須安排好各項部署，才能達成預期的目標。

分析處境，才能反敗為勝

動動腦，審慎分析自己眼前的處境，明瞭自己和對手的優勢與劣勢，才能以最有效率的方式反敗為勝。

《戰爭論》作者克勞塞維茨曾經這麼說：「任何一次出其不意的攻擊，都是以詭詐為基礎。」

的確，善於心理作戰的人，總是會運用一些別人忽略的方法，獲得自己想要的結果。不管任何形式的競爭，都必須根據不同情勢，採取相對應的方針，如此才能獲得勝利。唯有活用智慧，才能爲自己創造更多機會。

太史慈是三國時期的名將，以智勇雙全聞名。

東漢末年，宦官專權，官場腐敗，官吏們為了一己私利，經常爾虞我詐、互相攻擊。當時的官場，還有一個奇特的現象是：官司打到朝廷，誰先告狀，誰就能贏。太史慈就遇到了這樣一樁事。

太史慈所在的州郡中，刺史（州的最高長官）與郡守（郡的最高長官）鬧翻了臉，兩人相互向朝廷告狀。刺史搶先一步，派人把奏章送入京城，郡守寫好奏章時，已晚了一步。

這該怎麼辦呢？

郡守決定挑選一名精明能幹的人，設法搶在刺史之前把奏章送上去，太史慈被郡守選中了。

太史慈懷揣郡守的奏章，馬不停蹄地趕到京都洛陽，發現刺史派來的人正在接受奏章的官署前等候，還沒有把奏章送上去。

太史慈心生一計，拍馬上前，裝作朝廷命官的樣子問：「你是哪裡來的？是送奏章嗎？」

刺史派來的官吏不辨真假，如實回答。

太史慈又問：「奏章的格式有沒有錯誤啊？拿給我看看！」

那人立即從車中取出奏章，雙手呈給太史慈。太史慈接過奏章，看了一遍，隨即取出一把刀子，把奏章劃成碎片，又乘對方驚愕之際說：「我奉郡守之令來察看刺史的奏章是否已經呈遞上去，不過，郡守並未讓我毀掉刺史的奏章。現在，我們是難兄難弟了，大丈夫四海為家，我們何必為了他們之間的勾心鬥角賣命呢？不如我們都逃走吧！」

太史慈說服那名官吏與他一起逃出京城，然後各奔前程。太史慈走了一程後，又折回洛陽，把郡守的奏章呈送上去，方才回去向郡守交差。

刺史得知自己的奏章被毀，急忙再寫奏章，日夜兼程送往京城，但為時已晚，這場「窩裡鬥」，以刺史失敗告終。

人生戰場上，局勢往往詭譎多變，讓人疲於應付，敵人使出的戰術往往虛虛實實，讓人防不勝防，因此，平時就常常鍛鍊自己的腦力，讓它在關鍵時刻成爲克敵致勝的秘密武器。

想要擺脫眼前的困境，就必須像太史慈一樣動動腦，審慎分析自己眼前的處境，明瞭自己和對手的優勢與劣勢，然後才能設定自己該往哪個方向突破，以最有效率的方式反敗爲勝。

若是不願動腦，就會像故事中的那名官吏一樣，被太史慈騙得團團轉。

見事速決，莫失良機

領導者決斷之際，切忌優柔寡斷，看問題看不到關鍵點，不能明察要點，便容易為他人左右。想要速做決斷，就必須具有戰略眼光，抓住有利時機。

東漢末年，天下大亂，各路諸侯擁兵自重，王室權勢衰微，天子的身價暴跌，但是畢竟還是一國之主的象徵。因此，奉戴天子以討伐群雄不失爲爭霸天下的良策，誰先挾持漢獻帝，誰就會取得政治上的優勢。

然而，像董卓、西涼軍閥等專橫暴戾之流，雖然有過絕佳機遇，卻不具備運用能力。董卓之後，袁紹和曹操等大小集團也都有謀士獻「奉戴天子」的計策，只不過，想要奉迎漢獻帝，必須冒著極大的風險，因此每個集團內部都發生爭論。袁紹集團也不例外，最後錯失良機，讓曹操挾制了漢獻帝。

袁紹出身於四世三公的大官僚家庭，在漢末群雄混戰中，原本他的勢力最大，曾是討伐董卓的盟主，奪下冀州後地廣兵多，手下謀臣武將也不少。

在奉迎天子的問題上，幾乎在毛玠等人向曹操提出此建議的同時，袁紹的首席幕僚沮授也向他建議：「主公的世家好幾代都榮任輔佐皇帝的三公，忠義之名天下皆知。如今，皇上和朝廷被迫西遷長安，宗廟遭到破壞，全國各地州郡，雖然眾人都以勤王之名起事，但實際只求擴張自我勢力，根本沒有保衛皇室、安定天下百姓之心。如今本州初定，我們已有了穩定的力量，應該奉迎皇帝到鄴城安頓，一方面表示我們安定天下的志願，另一方面可以『挾天子以令諸侯』，以天子名義討伐不臣服我們的州郡，相信沒有人能抵擋得了我們。」

袁紹初聽之下，頗為贊同，便交付討論辦理。

不料，審配及大將淳于瓊等人表示反對，他們的理由是：「漢王室衰頹已久，即使想重建也很困難。如今天下群雄割據，各擁龐大軍團，有道是『秦亡其鹿，先得者王』，現在是大家爭奪天下的時候，如果把皇帝請到鄴城，任何行動都得請示，這樣會嚴重損害軍事行動的機密性和機動性，得不償失。更何況，皇帝身旁還有很多公卿大臣，過分尊重他們會使我們的權力變小；不尊重他們則有違抗皇權的麻煩，必須審慎考慮。」

沮授立刻反駁道：「奉迎皇帝，必得天下大義之名，這個利益對我們的發展比什麼都重要。以時機而論，目前皇帝正愁沒有去處，執行起來最輕鬆；如果不乘機行事，一定有不少人會搶著去做。通權變者從不放棄任何機會，能立大功者在於不延誤時機，希望主公盡速考慮這件事。」

袁紹是個優柔寡斷又怕麻煩的人，最大的願望是鞏固黃河以北政權，自己當上皇帝，但對全國性的規劃卻缺乏謀略，因此對沮授的建議遲遲不下決定。最終，曹操搶佔先機，挾持了漢獻帝，而袁紹坐失良機。

洞悉人性，就是成功的捷徑

國際知名管理大師彼得·杜拉克告訴我們一個簡單，但必須謹記的競爭法則：「一個人若只會思索如何維持現有的成就、優點與視野，那麼，他就失去了順應潮流的能力。」

從各種領域的例子，我們可以看見，那些失去順應潮流能力的人，通常都會被時代無情地淘汰。

領導者決斷之際，切忌像袁紹一樣優柔寡斷，好謀無決。看問題看不到關鍵，不能明察要點，便容易為他人左右。想要速做決斷，就必須具有戰略眼光，及早布局，並且當機立斷，抓住有利時機。

曹操神速破烏桓

兵貴神速，曹操聽取謀士郭嘉的建言，迅速逼近敵人，打得敵人措手不及，終於穩定了北方的情勢。

馬基維利曾在《君王論》中寫道：「凡是在自己心裡進行武裝的預言家都會獲勝，沒有武裝的就會毀滅。」

確實如此，眞正聰明的人，總是能夠在心理層面武裝自己。善於心理作戰的人，總是根據不同的情勢，採取相應的謀略。

想在人生戰場中獲勝，除了殫精竭慮活用本身的智慧，還要展現超強的行動力，從敵人意想不到的角度發動攻擊，如此方能把眼前的阻力變成自己的助力，把障礙變成向上躍昇的跳板。

活學活用三國行事謀略

袁紹兵敗官渡，最後嘔血死去，面臨曹操步步進逼，他的兩個兒子袁熙、袁尚屢戰屢敗，最後投奔烏桓的蹋頓單于，準備東山再起。

曹操為鞏固北部邊疆，決定消滅蹋頓和二袁，於西元二〇七年親自遠征烏桓，但是，由於人馬多，糧草輜重多，行軍速度大打折扣，走了一個多月才到達易城（今河北雄縣西北）。

謀士郭嘉對曹操說：「兵貴神速。只有迅速接近敵人，深入敵境，讓敵人措手不及，才能取勝。像我們這樣慢騰騰地往前走，敵人以逸待勞，又早早地做好了準備，怎麼能輕易地打敗敵人呢？」

曹操接受了郭嘉的意見，親率幾千名精兵，日夜兼程，在崎嶇的山路中行軍五百多里，最後突然出現在距蹋頓的老窩柳城僅一百里的白狼山，與蹋頓的幾萬名騎兵遭遇。

蹋頓的騎兵沒料到會在自家門口與敵人遭遇，顯得驚疑失措。至於曹操麾下，見敵我如此懸殊，知道唯有拼死一戰，或許還有活路，因此個個拼死戰鬥，發揮了以一當十的戰力。

這場戰鬥空前慘烈，曹操的幾千人馬死傷大半，但蹋頓及其部下將領死的死、傷的傷，群龍無首，終於被曹操打敗。

袁熙、袁尚聽到蹋頓陣亡的消息，帶領隨從逃出烏桓，投奔遼東太守公孫康，不久便被公孫康設計殺死。

至此，曹操北部邊疆安定下來，排除了後顧之憂。

洞悉人性，就是成功的捷徑

俄國作家高爾基曾說：「在一切都處於競爭和角逐的世界上，是沒有童話般的幻想和多愁善感存在的餘地。」

確實，在這個瞬息萬變的現實社會，不時上演著鬥智鬥力的戲碼，想要成功，就無可避免必須面對劇烈的競爭，以及對手的無情挑戰。

不論戰爭或是談判、交涉，總是虛虛實實，軟硬方式不斷替換。聰明的人不會因爲對手做出的假動作而迷惑，相反的，會適時施放煙霧欺敵，然後以雷霆行動挫敗對手。

眞正的強者，總是保持清醒的頭腦，讓自己的應對進退更加靈活。

兵貴神速，曹操聽取謀士郭嘉的建言，迅速逼近敵人，打得敵人措手不及，終於穩定了北方的情勢。

即使不同，也得相互尊重

他人與我，本來就不可能樣樣相同，重要的是，要能彼此理解，應該尊重別人與我們不同的選擇。

古希臘的哲人德謨克利特曾經說道：「很多是朋友的人，並不顯得像朋友；而很多顯得像朋友的人，其實不是朋友。」

這句話聽來像是繞口令，不過仔細想想，其實是有其道理的。

它探討了一個深奧又根本的問題：所謂「朋友」的定義究竟是什麼呢？非得擁有怎樣的條件，才稱得上是「朋友」？

三國時期的名人管寧和華歆，年輕時是非常要好的朋友，成天形影不離，朝夕都在一起。

管寧喜歡鑽研學問，對於不明白的問題，會花很多功夫去研究，華歆剛好相反，喜好熱鬧、享受，對於鑽研學問這件事沒有濃厚興趣。

有一次，管寧和華歆兩人同坐在一張蓆子上讀書。就在這時，外面響起陣陣鑼鼓聲，夾雜著鳴鑼開道的吆喝聲和人們看熱鬧吵吵嚷嚷的聲音。

管寧對外面的喧鬧充耳不聞，就好像什麼都沒有發生一樣。

但華歆是個愛好熱鬧的人，聽到後，立即放下手裡的書，起身走到窗前去看究竟發生了什麼事。

只見許多人抬著一頂貴氣逼人的轎子，身穿統一服飾的隨從簇擁在轎子兩邊，更顯得威風十足！華歆完全被這張揚的聲勢和豪華的排場吸引住了，便對管寧說：「外面有那麼多人，還有那麼豪華的轎子，一定是朝廷高官經過這裡。我們出去看看吧！」

可是管寧對於華歆的話十分不以為然，仍舊在原處專心致志地讀書。華歆見狀，只好一個人跑到街上去看熱鬧了。

過了一會兒，華歆回來了，興高采烈地對管寧說：「你知道嗎？那個坐在轎子裡的人，還真的是個做官的，我也要努力當個大官！」

這時，管寧再也壓抑不住心中的嘆惜和失望。

他從屋裡拿出一把刀子，當著華歆的面把蓆子從中間割成兩半，痛心而決然地對華歆說：「我們兩人的志向和興趣太不一樣了。從今以後，我們就像這被割開的草席一樣，再也不是朋友了。」

洞悉人性，就是成功的捷徑

看完這則故事，不必急著爲華歆戴上「熱衷功名利祿」的大帽子，也不用拿些大道理來指責他的不是，倒是有一個很簡單的問題，值得我們好好思考：一定要凡事都意見一致、立場一致，才算得上是朋友嗎？

朋友之間，志趣不同、意見不同，甚至政治立場不同，是很常見的事，但是這些不同，一定會導致兩人反目成仇嗎？

孔子曾說：「君子和而不同」。

他所說的「和而不同」，不但華歆與管寧兩人應該鑽研，身在比古代更多元、差異更大的現代社會中的我們，更應該仔細思量。

鐘鼎山林，人各有志。一個不肯包容別人，一味堅持自己的標準，強求別人跟自己一樣的人，其實是不給自己與別人留下餘地。

他人與我，本來就不可能樣樣都相同。他有他的志趣，我有我的志趣，最重要的是，要能彼此尊重、彼此理解。千萬不要強迫自己與別人相同，也不必要求別人一定要認同我們，應該尊重別人與我們不同的選擇。

付出誠意，才得獲得回報

諸葛亮深為劉備的誠意感動，向他分析了天下大勢，並欣然接受了出山的邀請。劉備三顧茅廬，任人唯賢，更傳為千古佳話。

法國哲學家盧梭在《愛彌爾》裡寫道：「對別人表示關心和善意，比任何禮物都有效，比任何禮物對別人還要有更大的利益。」

這番話運用在部屬與上司的關係之中，也相當適用。一個領導人的氣度，決定了自己的高度，對待人才的態度，也決定了日後的版圖能擴展到什麼程度。

只要懂得運用同理心，設身處地爲對方著想，眞心誠意地對待他們，就一定能換來他們誠摯的回報，讓自己增添重大助力。

劉備屯兵新野期間，荊州名士司馬徽和謀士徐庶向他推薦了很多賢士，諸葛亮就是其中最突出的一個。

司馬徽對劉備說：「荊州這一帶有兩個最卓越的俊傑：一個是別號『臥龍』的諸葛亮，一個是人稱『鳳雛』的龐統。」

徐庶也向劉備推薦說：「諸葛亮的才幹，完全可以與興周八百年的姜子牙、旺漢四百年的張子房相比。」

劉備急切地對徐庶說：「那就麻煩您去把諸葛亮請來吧！」

徐庶說：「諸葛亮是個大賢人，不是隨便能夠請得動的。你如不誠心誠意親自前去恭請，諒他不會輕易出山的。」

劉備知道人才的重要性，便帶領關羽、張飛，親自到隆中拜會諸葛亮。

經過三顧茅廬，劉備總算見到諸葛亮，恭恭敬敬地向諸葛亮施禮問候，訴說了自己的志願和渴望他出山的請求。

諸葛亮深為劉備的誠意感動，在草廬裡向他分析了天下大勢，並欣然接受了出山的邀請。

諸葛亮離開隆中茅廬，年方二十七歲。在爾後的二十七年中，他幫助劉備建立了政權，輔佐劉禪治理蜀漢，內修政理，外結東吳，厲行法治，任人唯賢，獎勵耕戰，發展農業；積極維護少數民族和漢族之間的關係，促進了西南地區各族人民的融合和社會經濟的發展；先後經歷了赤壁鏖戰、進軍益州、南征平叛、六出祁山等戰鬥，一直奮鬥到生命的最後一息。

洞悉人性，就是成功的捷徑

戴爾．卡耐基在《人性的弱點》裡說道：「人性中最深切的一種特質，就是內心那股受人賞識的渴望。」

不管是什麼樣的人，都希望自己能被理解，能被器重，想要成爲優秀的領導者，就必須妥善運用人性中的這個弱點。

不管什麼組織型態的領導人，要創造卓越成就，首先就必須建立起讓別人肯定的良好形象，才可能爲自己招來優秀的人才。此外，也必須增強自己的領導素質，如此才能贏得部屬敬重，讓這些人才心甘情願追隨自己實踐抱負。

劉備三顧茅廬，諸葛亮鞠躬盡瘁，正是領導者與人才相互輝映的千古佳話。

專橫跋扈只能威風一時

「跋扈將軍」連皇帝的生死都操之在手，難怪他的所作所為朝中都無人敢過問，可謂專橫跋扈至極。

人與人相處貴在圓融，正如警語所說的：「做事必須做到七分便停止，若做到十分，猶如張弓一樣，過滿折矣。」

志得意滿的人最容易活在自己的世界中，以爲眼前的權勢、富貴會長長久久，一味以高傲的態度看待別人。這樣專橫跋扈的人，無疑見識淺薄、氣量狹小，最終只會引來厭惡，招來不測之災。

想要在現實生活中持盈保泰，就要懂得「做人寬容，做事圓融」的道理，人情留一線，事情不要做得太絕。

活學活用三國行事謀略

東漢時期，有一個狂妄自大、兇悍蠻橫的將軍，名叫梁冀。他憑著自己的妹妹是漢順帝的皇后，擔任過黃門侍郎、虎賁中郎將、執金吾等職務。

漢順帝永和元年，梁冀被任命為河南尹，上任以後為非作歹，貪贓枉法，聲名狼藉。

梁冀的父親大將軍梁商有位老朋友呂放，身為洛陽令，對梁冀的行為很心痛。於是，呂放進京的時候，特意拜會了梁商，將梁冀的所作所為全告訴了他。梁商聽了很是惱火，就把梁冀找來，嚴厲地訓斥了一頓。

梁冀因此對呂放懷恨在心，暗中派出刺客把呂放殺了。他又怕父親知道，藉追捕兇手為名，將呂放宗族親友等一百多人全部冤殺，竟無人敢究責。

不久，梁商病死，漢順帝讓梁冀接任大將軍的職務。從此，梁冀間接地掌握了朝廷的軍政大權。

西元一四四年，漢順帝病死，漢沖帝即位。那時沖帝還是個二歲的幼兒，由梁太後代為執政。然而，梁冀根本不把自己的妹妹放在眼裡，更加專橫跋扈。

只過了一年，沖帝便死了。梁冀為了繼續操縱朝廷大權，便冊立當時只有八歲的劉纘做為皇帝，便是漢質帝。

漢質帝雖然年幼，卻很聰明，對梁冀驕橫至極，目中無人的態度，心中著實不滿。一天，質帝當坐朝中，百官朝見完畢，他看著梁冀，怒斥說：「他可真是個蠻橫無理的大將軍呀！」

梁冀聽了又氣又恨，不好當面發作，又害怕質帝日後會對自己不利，就指使爪牙把毒藥摻入湯餅中，將他毒死了。

接著，梁冀又立劉志為漢桓帝，從此之後更加驕蠻兇橫，不可一世。他用各種卑劣手段掃除異己，前後共專權二十多年。最後，漢桓帝決心誅滅這個「跋扈將軍」，聯合宦官之力，逼梁冀自殺。

俄國作家克雷洛夫曾提醒我們說：「不要把痰吐在井裡，因為，哪天你口渴的時候，也要上井邊來喝水的。」

這番話提醒我們做人做事不要做得太絕，否則自己終將自食惡果。

像梁冀如此擅權之外戚，連皇帝的生死都操之在手，難怪他的所作所爲朝中都無人敢過問，可謂專橫跋扈至極。

然而，風水輪流轉，受其操控的漢桓帝不甘成爲傀儡，暗中集結反對梁冀的人士，加上宦官從旁協助，終於誅殺了這個「跋扈將軍」。

可惜，很快地，大權又旁落至宦官手中，皇帝仍是沒有實權。東漢在外戚與宦官交相爭權奪利，黨爭頻仍的景況下，朝政日益敗壞，最後爆發了黃巾之亂，揭開三國時代序幕，終至滅亡。

09

PART

以假亂真，讓對手落入陷阱

周瑜詐假敗敵之計，許多名將都曾用過，
在敵人面前，尤其是驕敵之前，
或示之以弱，或示之以敗，
甚至示之以死，等待敵人主動來襲，
然後將計就計。

曹操連施奇計破袁紹

曹操始終沒有和袁紹硬碰硬，而是處處設計。他針對形勢的變化，抓住敵人的軟肋奮力一擊，終於取得了官渡之戰的勝利。

西元二〇〇年，袁紹派兵圍攻白馬，並引軍至黎陽，打算渡黃河南下，消滅曹操勢力，歷史上有名的官渡之戰拉開了序幕。

在這場戰役中，曹操的兵力遜於袁紹數倍，卻出人意料地戰勝了袁紹，其間用計奇巧，不得不讓人佩服。

官渡之戰一開始，袁紹派人攻打白馬，想分散曹操兵力，以便各個擊破。曹操本來想先解白馬之圍，謀士荀攸卻另有他計。

就形勢而言，袁紹兵多糧足，曹操的兵力相對很少，死守白馬顯然是死路一條，在這種形勢之下，曹操應該怎麼辦呢？

荀攸獻計說：「我軍兵少，不可力戰。只能設法分散袁紹的兵力，才能以少取勝。您可以引兵到延津，做出要渡河襲擊敵人背後的樣子，待袁紹引兵應對時，您可以用輕兵突襲白馬，出其不意，攻其不備。」

曹操聽從了荀攸的計策，袁紹果然中計，曹操以很少的代價解了白馬之圍。官渡之戰，曹操旗開得勝。

曹操冷靜地分析形勢後，主動放棄了白馬，引軍沿黃河西上，袁紹渡河追趕。到延津地區，曹操突然駐紮下來。等袁紹追兵愈來愈多，曹操命部下把輜重物資置於大道中間。袁紹軍隊貪財好利，看到物資，爭相搶奪起來，不戰自亂。曹操遂命六百名騎兵出擊，大破袁軍。

曹操抓住袁軍的弱點，促成了兩場戰鬥的勝利。

兩戰勝利後，曹操進軍官渡，袁紹進軍陽武，相互對峙。

曹操的實力遠不如袁紹，時間一久，糧食供給發生了問題，信心動搖起來，想撤軍回許昌。

他給在許昌的謀士荀彧寫了封信，徵詢荀彧的意見。荀彧堅決反對曹操回師，在回信中寫道：「袁紹軍人數雖然眾多，但戰鬥力很差。我軍以其十分之一的兵力扼守官渡半年多，袁紹竟不能前進半步，這就是證明。現在袁紹的軍隊也已疲乏，正是出奇制勝的時候，萬萬不可錯過良機……」

荀彧的分析堅定了曹操擊敗袁紹的信心。幾天後，曹軍捉獲袁軍的一個間諜，得知袁軍將領韓猛押送糧車數千輛，即將運至官渡。曹操立即派徐晃、史渙二將前去堵截。

韓猛不敵，糧食全被徐晃、史渙劫走。

袁紹失去幾千車糧食，十分懊惱。再次運糧時，派大將淳于瓊率萬人護送，並將糧食屯積在大營北方四十里的烏巢（河南延津東南）。

袁紹手下的謀士許攸是曹操的故友，親屬因為觸犯軍法，被袁紹的親信審配關入監獄之中。許攸一氣之下，半夜投奔曹操，並把袁紹的軍糧全集中在烏巢一事告知曹操。

曹操正在為如何才能出奇制勝大傷腦筋，聽完許攸的話，頓時胸有成竹。他連夜採取行動，命令曹洪留守大營，親自率領五千名精兵，打著袁軍的旗號，騙過巡邏的袁軍，在破曉之前趕到烏巢。

五千名精兵一齊動手縱火，烏巢頓時火光沖天，負責守護烏巢的淳于瓊還來不及上馬，就已成為曹操的俘虜。

烏巢的軍糧被曹操焚毀，袁軍軍心動搖。袁紹又偏偏聽信郭圖的話，逼走了大將張郃，袁軍士氣愈發衰落。曹操抓住戰機，發起猛攻，袁軍折損七萬餘人，最後袁紹和兒子袁譚落荒而逃，逃回到河北時，僅剩下八百餘名騎兵。

洞悉人性，就是成功的捷徑

《孫子兵法》說用兵如水，強調「兵形如水」，認爲行軍作戰應該和流水一樣，看似柔弱卻無堅不摧。

水無處不在，既依借地形更變自身的形狀，又使用自己內蘊的力量來改變所處的環境。水少之時，則滴水穿石，改變事物形狀；水多之時，則聚湧水成洪流，爆發摧枯拉朽的能量。

用兵也是同樣的道理，千萬不能拘泥於兵法書籍上的戰例、戰術，必須根據實際狀況靈活運用。

官渡大戰是一場計謀迭出。以少勝多的好戲，曹操始終沒有和袁紹硬碰硬，而是處處設計。

面對兵力勝出自己幾倍的敵人，曹操若是正面決戰，只會遭到毀滅性打擊，於是針對形勢的變化，抓住敵人的軟肋奮力一擊，終於取得了官渡之戰的勝利。

以假亂真，讓對手落入陷阱

周瑜詐假敗敵之計，許多名將都曾用過，在敵人面前，尤其是驕敵之前，或示之以弱，或示之以敗，甚至示之以死，等待敵人主動來襲，然後將計就計。

滿嘴謊言、坑人騙人當然卑劣行爲，最後也會人格破產，但是，在某些關鍵時刻，適時欺矇對手，卻能幫助自己達成目的，渡過難關。

施展欺敵戰術時，要將自己的意圖深藏起來，使對方一時無法發現而麻痺大意，或者假借某些幌子，使對方無從辨認眞僞，如此一來，自己才有更多勝算完成原定的計劃。

當然，說謊、做假，或是施展欺敵戰術，也要事先制定完善的應變計劃，並且透過行動以假亂眞，如此才能讓對手落進陷阱。

赤壁大戰之後，周瑜與曹仁對戰，不料在南郡城內中箭落馬，被眾將合力相救，才從亂軍中殺出一條血路，倉皇而歸。

曹仁得勝回營，曹軍士氣大振。周瑜則在營帳內靜養，苦思如何擊敗曹軍。忽然，周瑜想出一條詐死敗敵的妙計，但要怎麼詐死敗敵呢？

第二天，曹仁來到寨前罵戰，傷勢未癒的周瑜突然起身下床，不顧眾將阻攔，披甲上馬，率領數百騎衝出寨外，準備迎戰曹軍。不料剛一出寨，未及交鋒，周瑜在馬上忽然大叫一聲，口中噴血，墜於馬下。

周瑜被眾將救回營後，便趁機詐死，令軍士掛喪舉哀，然後又遣心腹軍士前往南郡詐降，散佈「周瑜已死」的消息。

曹仁聽說周瑜已死，認為偷襲敵營的機會到了，開始積極佈兵。而周瑜也暗中安排作戰計劃，準備迎戰。

這晚，曹仁率領人馬前來劫寨，被吳軍殺得大敗。曹仁知道中計，率軍急退，在撤退途中，又被吳軍的埋伏部隊截殺，最後只得放棄南郡奔命而走，狼狽不堪地沿著襄陽大路逃之夭夭了。

洞悉人性，就是成功的捷徑

《孫子兵法．九地篇》說：「將軍之事，靜以幽，正以治。能愚士卒之耳目，使之無知。易其事，革其謀，使人無識。」

一個英明的領導者，必須冷靜而心思細膩，如此才能培養深謀遠慮的智慧，像狡兔一樣預做應變措施。時時改變戰法，時時更換計謀，使別人無法識破自己的眞正意圖，遇到危機更要懂得借力使力，爲自己謀得更有力的契機。

周瑜詐死敗敵之計，許多名將都曾用過，套路大致是在敵人面前，尤其是驕敵之前，或示之以弱，或示之以敗，甚至示之以死，誘使敵人主動來襲，然後將計就計，將敵軍殺得潰師大敗。

魏蜀爭奪漢中

> 劉備將不利因素化為有利因素，成功地搶佔軍事要地——定軍山，爭得了這場戰爭的制勝權，最終佔據漢中，迫使曹軍退出四川。

《孫子兵法·九地篇》說：「先奪其所愛，則聽矣；兵之情主速，乘人之不及，由不虞之道，攻其所不戒也。」

這段話的意思是說：發動戰爭之時，先攻擊敵人要害之處，那樣敵人必然會隨著我方的步調起舞。兵貴神速，要乘敵軍措手不及之時發起進攻，走敵軍意料不到的道路，攻擊敵軍不加防備的地方。

赤壁之戰後，劉備佔據了荊州、益州，與佔據黃河流域的曹操、佔據江南的孫權形成了三足鼎立的形勢。

西元二一五年，曹操消滅了西北的馬超、韓遂勢力後，便親率大軍進攻漢中的張魯，打算佔據漢中。

張魯是東漢時期「五斗米道」的傳教人，被東漢統治者封為鎮民中郎將，領漢寧太守。張魯得知曹操進攻漢中，自思以漢中一隅之地，不足與曹軍對抗，便和巴中地區的首領投降曹操。

曹操的軍隊駐紮在漢中，司馬懿曾建議抓住時機進攻益州，但曹操鑑於西蜀守備不易攻破，且自己後方還不穩定，沒有採取軍事行動。不久，他把原駐守在長安的大將夏侯淵調來駐守漢中，自己領兵回中原。

漢中的地理位置對於劉備、曹操來說都十分重要。它是四川東北的門戶，被曹操佔據後，將使益州北方無險可守，這對佔據四川不久的劉備無疑形成了極大的威脅。反之，漢中如果被劉備佔據，則進可以攻關中，退可以守益州。因此，劉備決心將漢中奪回自己的手中。

西元二一七年，劉備親率主力進攻漢中，留諸葛亮守成都，負責軍需供應。劉備選精兵萬餘輪番攻陽平關，始終沒能得手，雙方在陽平關相峙一年有餘。到了西元二一九年正月，劉備經過充分準備與策劃，決定採取行動改變這種長期相持的局面。劉備率軍避開地勢險要、防守嚴密的陽平關，南渡漢水，沿南岸山地東進，一舉搶佔了軍事要地定軍山。

定軍山是漢中西面的門戶，地勢險要，劉備佔領定軍山，打開了通向漢中的道路，並且威脅著陽平關曹軍側翼的安全。夏侯淵被迫將防守陽平關的兵力東移，與劉備爭奪定軍山。

為了防止劉備進軍北上，曹軍在漢水南岸和定軍山東側建營壘，修圍寨，設鹿角（一種柵欄式的防禦工事）。蜀軍夜攻曹營，火燒南圍鹿角。夏侯淵命張郃守東圍，自己率輕騎前往救南圍。不料，劉備軍又急攻東圍，並派黃忠率精兵埋伏在東、南圍之間的險要地段。

張郃不支，夏侯淵又急忙率軍回援東圍。黃忠居高臨下，以逸待勞，突擊行進中的夏侯淵。夏侯淵毫無防備，部隊潰逃，本人也被黃忠斬殺，張郃只得率軍退守陽平關。

夏侯淵死後，曹軍由張郃統領，曹操得知漢中戰場失利，親率主力從長安出斜谷，迅速趕赴陽平前線救援。這時，蜀軍士氣旺盛，劉備通過定軍山爭奪戰改變了以前的被動局面，也信心十足。他對隨從的部將說：「曹操雖然再來，也將是無能為力了，漢中必然歸我所有。」

待曹操到達漢中後，劉備利用有利地形拒守險要之處，不與曹操決戰，同時遣游擊擾襲曹軍後方，卻其糧草，斷其交通。曹軍攻險不勝，求戰不得，糧食缺乏，軍心恐慌，毫無鬥志，士卒逃亡者不少。一個多月後，曹操不得不放棄漢中，全軍撤回關中。

劉備如願佔據了漢中，不久又派劉封、孟達等攻取漢中郡東部的房陵（**今湖北房縣**）、上庸（**今湖北竹山西南**）等地，勢力大為擴大與鞏固。

《孫子兵法．地形篇》說：「料敵制勝，計險阨遠近，上將之道也。知此而用戰者，必勝；不知此而用戰者，必敗。」

能判明敵軍的虛實和作戰意圖，研究地形的險易，計算路途的遠近，以奪取勝利，這都是主將應懂得的道理。運用這些道理作戰，必然會取得勝利；相反的，不懂得這些道理，那就必敗無疑了。

漢中爭奪戰開始時，劉備處於不利的地位，由於使用「迂迴之計」，將不利因素化爲有利因素，成功地搶佔軍事要地——定軍山，爭得了這場戰爭的制勝權，最終佔據漢中，迫使曹軍退出四川。劉備取得這場戰爭的勝利，也鞏固了自己在四川的統治權。

鄧艾奇兵渡陰平

鄧艾率領魏軍突然出現在江岫城下，守將馬邈不知魏軍是如何到來的，嚇得不戰而降。隨即，鄧艾揮軍直奔綿竹、成都。

《孫子兵法．軍形篇》說：「故善戰者立於不敗之地，而不失敵之敗也。是故勝兵先勝，而後求戰；敗兵先戰，而後求勝。」

古代善於行軍作戰的人，總是不會錯過任何打敗敵人的良機，而不會坐待敵人自行潰敗。在日常生活或商業競爭領域也是如此，想要獲得輝煌的勝利，就必須從混亂中看準有利的機會迅速出手。

三國後期，司馬昭分兵多路南征蜀漢。蜀將姜維在劍閣憑藉天險，與魏國鎮西大將軍鍾會苦苦對峙，一時勝負難分。

名將鄧艾對鍾會說：「將軍何不派遣一支隊伍，偷渡陰平小路，奇襲成都，出其不意，攻其不備，料想姜維必回兵救援，將軍可乘機奪取劍閣。」

鍾會聽了大笑，連稱：「妙計！妙計！」並誇讚說鄧艾是最佳人選，令他早日起兵。待鄧艾走了之後，鍾會不屑地說：「盛名之下，其實難符，鄧艾不過是個庸才罷了！」

原來，陰平小路都是高山峻嶺，地形極其險要。如果從陰平偷渡，西蜀只要用一百人扼住險要，再派兵阻斷進犯者的歸路，進犯者就非凍死、餓死在山裡不可，難怪鍾會對鄧艾做出這樣的評價。

但是，鄧艾深信從陰平小路奇襲西蜀定能成功。他派自己的兒子鄧忠帶精兵五千充當先鋒，在前面鑿山開路，搭梯架橋；又選出精兵三萬，帶足乾糧、繩索，跟在後面向前進發，每走一百多里，就留下三千人安營紮寨，以防萬一。

鄧艾率軍在懸崖深谷中披荊斬棘，行軍二十多天，路程七百里，未見人煙。當他們來到摩天嶺時，被眼前的天險擋住。鄧忠對父親說：「摩天嶺西側是陡壁懸崖，無法開鑿，我們前功盡棄了。」

鄧艾觀看了摩天嶺地形，對眾人說：「過了摩天嶺，就是西蜀的江岫城。不入虎穴，焉得虎子？」

說罷，鄧艾用毯子裹住自己的身體，滾下摩天嶺。

將士們見主將率先滾下山嶺，一個個跟著用毯子裹住身體滾了下去，那些沒有毯子的人，則用繩子束住腰，攀著樹枝，一個跟著一個往下走。就這樣，魏國先鋒兵士都過了摩天嶺。

鄧艾率領魏軍突然出現在江岫城下，守將馬邈不知魏軍是如何到來的，竟嚇得不戰而降。隨即，鄧艾下令陰平小路沿途留駐的軍隊開到江岫城會合，然後揮軍直奔綿竹、成都。

蜀國皇帝劉禪是個庸才，儘管城中還有數萬兵馬，還是開城投降了，至此，蜀漢滅亡。這時，蜀將姜維仍在劍閣與鍾會打得難解難分。

洞悉人性，就是成功的捷徑

《孫子兵法．九地篇》說：「帥與之深入諸侯之地，而發其機，焚舟破釜，若驅群羊，驅而往，驅而來，莫知所之。」

意思是說，將帥一旦掌握了絕佳機會，率領軍隊深入敵人的土地，就要使軍隊像射出的箭一樣迅猛異常，飛快地行進，直擊敵人要害。鄧艾以奇兵戰術度越摩天嶺天險，率領軍隊一路急奔，直攻蜀漢都城，逼迫劉禪開城投降，可算是以上這段話的最佳詮釋。

這番話運用在成功致富方面，也是相同的道理。平常就要尋找有利於自己的契機；一旦掌握了絕佳機會，就要讓它們爲自己創造出更多利益。

劉備聯軍火燒連環船

孫劉聯軍找出曹軍不善水戰的致命弱點，出其不意地以火攻擊敗曹軍。赤壁之戰使得三國鼎立局勢形成，同時也創造了以火攻戰勝強敵的典型戰例。

赤壁之戰，孫、劉聯軍以五萬之兵擊敗曹軍二十萬之眾，寫下以少勝多的輝煌戰例。從將帥指揮角度看，此戰抓住了兵法中「兵非益多」的三個環節：並力、料敵與取人。

在並力方面，孫、劉聯合抗曹，齊心協力。在料敵方面，準確判斷敵情，針對曹軍士兵雖眾卻不習水性，連環船無法分散，曹操又驕傲輕敵等弱點，實施詐降和火攻。在取人方面，聯軍上下齊心協力，同仇敵愾；黃蓋以「苦肉計」騙取了曹操的信任，又施之以火攻，產生了「敵雖眾，可使無鬥」的效果。

活學活用三國行事謀略

曹操在西元二〇〇年的官渡之戰中擊敗袁紹後，取得了攻取鄴城、北征烏桓的勝利，佔領司隸、兗、豫、徐、青、冀、幽、并等州，統一了北方。

接連而來的勝利，增強了曹操早日統一天下的雄心。

西元二〇八年春，曹操在鄴城修建玄武池訓練水軍，準備向南方進軍。同時派人到涼州拉攏馬騰及其子馬超，分別授以他們衛尉和偏將軍之職，以避免南下進軍時他們父子作亂。

曹操南下進攻的目標是荊州的劉表和東吳的孫權。荊州牧劉表年老多病，無所作為，只求偏安一方。其子劉琦、劉琮為爭奪繼承權相互鬥爭，內部不穩。官渡之戰時投奔袁紹的劉備，這時則依附劉表，屯兵新野、樊城。

二〇八年八月，荊州牧劉表病死，其子劉琮繼位。

曹軍逼境之時，劉琮不戰而降。

曹操佔領荊州後，不僅劉備感到即將被吞沒的危險，東吳的孫權也深恐戰火燒到東吳。局勢的發展迫使劉備、孫權產生聯合抗曹的意向。

但是，東吳內部在如何對付曹操的問題上，存在著兩種不同的態度。以張昭為代表的東吳官員主張不抵抗曹軍，而魯肅等人則堅決反對投降。

不久，周瑜趕回來後，和魯肅一起力勸孫權堅定抗曹決心。

周瑜分析說：「曹操雖然統一北方，但是他的後方局勢並不穩定。現在曹操捨棄北方軍隊善於騎戰的長處，登上戰船與我們做水上爭鬥，是以其短擊我之長。況且現在適值隆冬，曹軍必然會出現給養不足；北方士兵遠涉江湖之間，水土不服，必生疾病。這些都是用兵的大忌，曹操不顧這些不利因素，必然會導致失敗。」

針對曹操的兵力情況，周瑜也做了研究，「曹操號稱擁有水陸兵力八十萬，據我分析，曹操從北方帶來的軍隊不過十五六萬，而且已經疲備不堪；所得劉表的軍隊，最多七、八萬，這些士兵心存疑懼，沒有鬥志。這樣的軍隊，人數雖然多，並不可怕。」

孫權聽完周瑜對曹軍兵力、作戰特點、戰場條件的分析，決定與劉備聯合抗擊曹操。孫權撥精兵三萬，任命周瑜、程普為左右都督，魯肅為贊軍校尉，率領軍隊逆江而上，和劉備軍隊會合，共同抗擊曹操。

劉、孫聯軍會合後，繼續沿長江西上，到了赤壁（今湖北嘉魚東北）與曹軍的先鋒部隊遭遇。曹軍的情況正如周瑜、諸葛亮預料，士兵水土不服，且多半不習水性，受不了江上風浪的顛簸，第一次交戰便吃了敗仗，只好退回長江北岸。曹操針對船隻顛簸搖晃的情況，命令手下將戰船用鐵索連結在一起，在船上鋪上木板，以減少船身的搖晃。

這樣做，船上確實平穩多了，但卻彼此牽制，行動不便。不久，曹軍鐵索連船的弱點，被周瑜發現了，先鋒部將黃蓋向周瑜建議說：「我軍兵力少，不宜與曹軍長期相持，必須設法破敵。現在曹軍把戰船首尾相接，我們可以採用火攻的方法將他們擊敗。」

要如何火攻呢？周瑜和黃蓋制定了苦肉計欺敵，由黃蓋詐降接近曹營，然後放火奇襲曹軍戰船的作戰計劃。苦肉計上演後，黃蓋寫了封降書，派人送到江北曹營。曹操接到降書後深信不疑，還與送信之人約定了投降的時間與信號。

西元二〇八年十一月，到了約定那一天，黃蓋帶領十艘大船，向北岸急駛而去，船上裝滿乾柴草，裡面浸上油液，外面用布裹上偽裝，插上約定的旗號。同時，預備好快船繫在大船之後，以便放火後換乘。

快接近曹軍水寨時，黃蓋命士兵舉火，並齊聲呼喊：「黃蓋來投降了！」

曹軍以為真的是黃蓋來投降了，紛紛走出船艙觀望。這時，黃蓋的船隻已經靠近了水寨，十艘大船的士兵同時放火，衝向曹軍水寨，然後跳上小艇。這時的天空正刮著猛烈的東南風，頃刻間，曹軍的戰船都燃燒起來。火勢一直蔓延到了岸上，曹營的官兵被這突如擊來的大火燒得驚慌失措，在一片慌亂之中，曹軍士兵被燒死、溺死、互相踩死的不計其數。

孫劉聯軍乘勢猛殺過來，將曹軍殺得人仰馬翻。曹操被迫率領殘兵敗將從陸路經華容向江陵方向撤退。

赤壁之戰以孫劉聯軍勝利、曹操失敗而告結束。

洞悉人性，就是成功的捷徑

《孫子兵法．行軍篇》說：「兵非貴益多，惟無武進，足以並力料敵取人而已。夫惟無慮而易敵者，必擒於人。」

作戰之時，不是兵力愈多愈好，而要既能集中兵力，又要能判明敵情，才能針對敵人的弱點加以痛擊，獲得寶貴的勝利。若是欠缺深謀遠慮，輕舉妄動的結果，就只會爲自己招來不測。

曹操咄咄逼人的攻勢，促成了南方兩個主要割據勢力——孫權與劉備聯合。孫劉聯軍精確地分析了曹軍的兵力、作戰特點及戰場條件等客觀情況，找出曹軍不善水戰的致命弱點，決定採取以長擊短、借火助攻的作戰方針，出其不意地以火攻擊敗曹軍。赤壁之戰使得三國鼎立的局勢形成，同時也創造了一個以火攻戰勝強敵的典型戰例。

陸遜從容退軍江東

魏軍等待陸遜來攻，卻久久不見陸遜的影子，待發覺上當，揮師急追時，陸遜全部人馬已平安撤走。能否根據敵情靈活應變，直接關係到勝負成敗。

達文西曾說：「在生活的道路上，暗藏著許許多多的蛇，行路的人要事先想到這點，並且要選擇適合自己的安全之路。」

確實，社會上的詭計到處都是，利用人心弱點所設下的陷阱和騙術，更是五花八門，走在危機四伏的人生道路上，想避開潛伏於暗處的「毒蛇」，就必須同時具備做人與做事應有的應變智慧。

一個深諳謀略的人，做任何事之前都會通盤考量，思慮到可能的風險及隱憂，才能讓自己成爲最後的贏家。

三國時期，諸葛亮在五出祁山前，聯合東吳同時攻打曹魏。孫權派荊州牧陸遜和大將軍諸葛瑾率水軍向襄陽進攻，自己親率十萬大軍進至合肥南邊的巢湖口。

魏明帝曹叡一面派兵迎擊西蜀的軍隊，一面率大軍突襲巢湖口，射殺吳軍大將孫泰，擊潰吳軍。諸葛瑾在途中聽說孫權已經退兵，急忙派使者送信給陸遜，建議他退兵。使者很快返回，告訴諸葛瑾：陸遜正與部將下圍棋，讀完信後，把信件放在一邊，又繼續下棋。

諸葛瑾又問陸遜部隊的情況，使者回答說：「陸遜的士兵們都在兩岸忙著種豆種菜，對魏軍逼近並不在意。」

諸葛瑾不放心，親自坐船去見陸遜，對他說：「如今主公已經撤軍，魏軍必然全力以赴地來攻打我們，將軍不知有何妙計？」

陸遜道：「如今魏軍佔有絕對優勢，又是挾大勝之威，我軍出戰，絕難取勝，自然只有撤退一條路可走了。」

諸葛瑾道：「既然要撤，為何還按兵不動？」

陸遜回答：「敵強我弱，我軍一退，敵人勢必掩殺過來，那種混亂局面，不是你我能控制的。我的想法是這樣……」

陸遜摒退左右，悄聲說出了一條計策，諸葛瑾聽後，讚歎不已。

諸葛瑾辭別後，陸遜從容地命令軍隊離船上岸，向襄陽進發，並大肆宣揚：不攻下襄陽，誓不回兵。

魏軍聽說陸遜已棄船上岸，向襄陽開來，立刻調集人馬，準備在襄陽城外迎戰吳軍。一些將領對陸遜是否真的進攻提出質疑，但魏軍統帥早已接到密探的報告，說陸遜的部隊在兩岸種豆種菜，毫無撤退之意，魏軍因而全力備戰，準備給陸遜毀滅性的打擊。

陸遜率大隊人馬向襄陽挺進，行至中途，突然下令停止前進，改後隊為前隊，疾速向諸葛瑾的水軍駐地撤退。諸葛瑾離開陸遜回到水軍大營後，早已把撤退的船隻準備妥當，陸遜的將士一登上船，一艘艘戰船立即揚帆駛返江東。

魏軍等待陸遜來攻，卻久久不見吳軍的影子，待發覺上當，揮師急追時，陸遜全部人馬已撤走，魏軍追至江邊，只好望江興歎。

能否根據敵情靈活應變，直接關係到勝負成敗。

洞悉人性，就是成功的捷徑

善於用兵之道的人，往往善於善於迷惑敵人和欺騙敵人。

日本圍棋高手高小秀格深諳《孫子兵法》，曾以「流水不爭先」爲座右銘。

他和別人對弈之時，經常把陣式佈置得悠閒散漫，如同緩流的水，讓對手掉以輕心，絲毫不加戒備。但是，一經發動，卻能在瞬間聚湧成流，對手往往因爲出乎意料而敗下陣來。

現實生活中應對進退也是如此，如果你摸不清對方是什麼樣的人，讀不懂對方的言行舉止代表什麼意思，無法洞悉對方的僞裝，必然會被刻意散佈的煙幕欺騙，導致自己吃虧上當。

追求名氣只是畫餅充飢

俄國作家果戈里在短篇小說《欽差大臣》中寫道：「名聲當然是誘惑人的，但是和真才實學相比，只不過是浮雲輕煙而已。」

在這個人人都想出頭的年代，人通常會處心積慮型塑自己，試圖以完美的形象與表現出現在公眾面前，加深別人對自己的印象。

事實上，不管怎麼裝模作樣，不管如何隱藏心思，人眞正的面目還是會不經意流露出來。如果我們詳加觀察周遭人物的言行舉止，久而久之就能明白他們是什麼樣的人。

三國時代魏國的大臣盧毓，十歲時就父母雙亡，兩位兄長又先後去世，成為孤兒。但是，他發奮讀書，終於成為很有才學的人。

盧毓為官清正廉潔，很快被提拔為侍中，在魏文帝左右侍奉。過了三年，再被提升為中書郎，掌管機要、政令等事宜；後來，又被任命為吏部尚書，負責管理全國官吏的任免、升降、調動等事務。

盧毓升任吏部尚書之後，中書郎一職出缺，需要選拔適任的人才補上。

魏文帝曹丕要盧毓好好地選出這個官員，並對他說：「這次選拔中書郎，能否選到合適的人，關鍵就看你了。挑選人才，千萬不要選那些只有名氣而沒有實際才幹的人；名氣就像是畫在地上的餡餅，不能充饑的。」

盧毓聽了倒有些不同的意見，回答說：「陛下說得很對。要選拔特別優秀的人才，確實不能單看名氣。但是，臣以為，名氣畢竟能反映一定的實際情況。根據名氣來選拔一般的人才，雖然不是必然之道，但也不失為一個好方法。如果是修養高、德行好而有名氣的，就不應該抱持成見嫌棄他們。陛下也不需一聽到有名氣的人就討厭。臣建議應該先對他們進行考核，看他們是否有真才實學。」

魏文帝覺得盧毓講的話頗為中肯，因此接受了他的建議，下令制定官員的考核辦法。

洞悉人性，就是成功的捷徑

俄國作家果戈里在短篇小說《欽差大臣》中寫道：「名聲當然是誘惑人的，但是和真才實學相比，只不過是浮雲輕煙而已。」

畫在地上的餡餅，就算再大塊也無濟於事，終究不能吃，只能看著想像。曹丕的擔憂自有其道理，名氣本來就不能當飯吃，唯有具備眞才實學，方能構得上是得以爲國家所用之良材。

汲汲營營追求名氣，只不過是畫餅充飢。想要出人頭地，就應該先努力充實自己的內涵，而不是一味追求華而不實的名氣，如此獲得出線機會的時候，才不會露出馬腳。

尊重，才能換得心悅誠服

尊重別人，就是尊重自己，這不但能提升自己的格調，還可能順利化解許多波折與不幸，克服艱難的挑戰。

法國文豪巴爾札克曾說：「一清如水的生活，真誠不欺的性格，即便心術最壞的人也會對之肅然起敬，無論在哪個階層。」

有一種行爲、一種態度，可以滌淨人的醜惡、提升人的格調，不分階層、族群甚至敵我。一旦我們做到之後，即使身處最混亂的時代與環境，都能收到相對的效果，那就是「尊重」。

所謂尊重，就是站在對方的立場思考問題，進而達成自己的目的。

三國時代，諸葛亮北伐魏國之前，為了穩固後方，先率領大軍征討南方部落，七擒孟獲，最後終於將其收服。

平定了南中的蠻夷叛亂之後，諸葛亮任用以孟獲為首的當地首領為官吏治理南中，把軍政大權和地方治理權全部交給了這些人。

有人對這件事非常不理解，建議諸葛亮：「南蠻的心理難以預測，雖然今天順服了，明天仍有可能再次發動叛亂。應該趁著他們投降的大好時機，設置官吏治理當地百姓，才能夠使他們徹底歸順和臣服。不出十年，蠻夷必能成為蜀國的良民，這才是上上之策。」

諸葛亮聽這個建議，先是和顏悅色稱讚了一番，然後才語重心長分析說：「如果設立漢人官吏，就要留下軍隊，但這裡無法提供足夠的糧食，此為困難之一。再說，南蠻剛剛經歷過戰亂，許多人的父祖兄弟都死了，如果留下官吏卻沒有足夠的軍隊保護，必然引起禍患，這是困難之二。另外，許多當地人都犯有殺頭大罪，如果另設官吏，恐怕難以使他們相信自己會被饒恕，很容易再次產生矛盾和摩擦，此乃困難之三。」

接著，諸葛亮提出對策：「任命孟獲等當地首領統治南中，一方面說明了我方的絕對信任，他們必定會心懷感激，盡全力治理好當地的事務。另一方面，當地人畢竟對南中的各方面情況比較熟悉，文化語言和風俗習慣也能相通，擁有治理南中的絕大優勢。我方既不用留下軍隊，也不必運送糧草，能使人民之間相安無事，這就是最大的成功啊！」

諸葛亮的一番話不僅說服了持反對意見的漢族官吏，並順利地使以孟獲為首的南中各部落頭目心悅誠服，誓言不負蜀漢，永不叛亂。

洞悉人性，就是成功的捷徑

面對難以解決的問題時，有時候用「蠻力」不如動動「腦力」。

諸葛亮尊重南中的領導者與人民，尊重當地的風俗民情，不因他們是手下敗將而步步進逼，同樣的，南中的領導者與人民也以相同的善意來回報，這就是互相尊重的最好示範。

希望讓人打從心裡敬重、順服，就得給予對方相對應的尊重與敬意，這是刀槍劍戟、武力鎮壓無法達到的。

唯有真誠、了解以及尊重，才能由內而外讓對方感受到自己的心意，進而得到對方的善意回應。

不論面對至親好友、陌生人，甚至敵人，我們都應該心存尊重。

尊重別人，就是尊重自己，這不但能提升自己的格調，還可以順利化解許多波折與對抗，克服艱難的挑戰。

當敵人也對我們心存敬意時，還有什麼事情辦不到呢？

10

PART

活用弱點，就是致勝的關鍵

一個人若能深入了解自身的弱點，
並正確地加以利用的話，
弱點常可以轉成為你贏得勝利的優點。

自作聰明，小心惹禍上身

人可以沒有大智慧，但是絕對不要亂耍小聰明，否則就會步上楊修的後塵，為自己招來禍害，死得不明不白。

在現實社會中，我們常常可以看到，有些人明明有才有識，但是他們越表現自己，大家就越要孤立他們，有機會的時候，還會設法扯扯後腿，這是因爲他們不懂得做人做事的哲學，只不過自作聰明的大傻瓜。

現代社會，除了金光黨之外，故意裝瘋賣傻的人少了很多，可是自作聰明的人卻仍然處處可見。這些自作聰明的人眞的聰明嗎？恐怕不見得吧！

東漢末年到三國鼎立這段期間，是一個人才輩出，彼此鬥智鬥力、比奸比詐的混亂時代。在亂世之秋，名列建安七子的楊修是曹操陣營裡的主簿，以思維敏捷、才華過人著稱。

有一回，曹操率領大軍在漢中迎戰劉備，雙方在漢水一帶對峙很久時，曹操由於長時間屯兵，已經到了進退兩難的處境。

有一天夜裡，大將夏侯惇入到主帥帳內請示夜間崗哨號令，曹操此時見晚餐中有根雞肋，有感而發，隨口說道：「雞肋！雞肋！」

於是，夏侯惇便把「雞肋」當作號令傳了出去。

行軍主簿楊修聽到後，隨即叫士兵們收拾行裝，準備撤軍事宜，夏侯惇感到奇怪，就把楊修叫到帳內詢問詳情。

楊修解釋道：「雞肋雞肋，棄之可惜，食之無味。如今的局勢是進不能勝，退恐人笑，屯駐在此處又有何益？不久丞相必定會下令班師。」

夏侯惇聽了之後非常佩服，營中各位將士便都打點起行李。

但是，曹操得知這種情況之後，不禁勃然大怒，最後便以楊修造謠惑眾、擾亂

軍心的罪名，把他處斬。

洞悉人性，就是成功的捷徑

楊修的確猜中了曹操的心思，但是肆無忌憚耍弄小聰明的結果，卻爲自己惹來殺身之禍。試想，在兩軍對陣的非常時刻，曹操怎麼容得下楊修代他發號軍令？

人可以沒有大智慧，但是絕對不要亂耍小聰明，否則就會步上楊修的後塵，爲自己招來禍害，死得不明不白。

當然，這並不是教你當個裝瘋賣傻的小丑，而是強調該聰明的時候要放聰明一點，不應該聰明的時候就要「沉默是金」。

裝瘋賣傻只是愚人的伎倆，或是在危急狀況下不得已而採用的手段，平時何必糟蹋自己去做這種事？

只是，有些事心裡知道就好，千萬不要爲了顯示自己很聰明而說出來。

活用弱點，就是致勝的關鍵

一個人若能深入了解自身的弱點，並正確地加以利用的話，弱點常可以轉成為你贏得勝利的優點。

在戰場上，一個指揮官的不足之處，甚至是生活習慣和性格上的弱點，都會成為對手利用或突破的重點。相對的，指揮官自己若善加利用這些的弱點，反而更容易使敵手誤判情況，掉入事先準備好的陷阱之中。

《三國演義》中，就有這樣一個例子。

在《三國演義》裡，張飛與酒結下了不解之緣，幾乎是逢酒必飲、每飲必醉、每醉必出事端，不是打人就是貪杯誤事。喝酒可以說是張飛的一大弱點，而這個弱點更多次給予對手可乘之機。

例如，在第十四回的劇情中，張飛駐守徐州時，劉備曾一再叮囑張飛不要飲酒，但劉備剛走，張飛就大飲特飲起來，酒後還痛打曹豹，結果使呂布乘機殺進城來。最後，張飛的酒還沒醒，就把徐州城給丟了。

然而，隨著張飛的性格與處世手腕逐漸成熟後，活用自己的弱點反而變成麻痺、迷惑敵方的一種招數。例如，張飛在宕渠山戰張郃這場戰役中，就充分表現了這一點，頗能給人啟迪。

張飛在巴西一帶戰勝張郃之後，揮軍乘勝追擊，一直趕到宕渠山下，但是，張郃利用地形據川守寨，堅持不出兵對戰，一連「相距五十餘日」。面對僵峙的狀況，張飛無計可施，於是就在山前紮營，每日飲酒，而且酒醉就坐在山前辱罵敵方。

劉備得知後大驚失色，急忙找孔明商議，可是諸葛亮不但沒有驚慌，反而立即派魏延送去三車好酒，還在車上插著「軍前公用美酒」的大旗。

張飛得到美酒之後，不但自己狂飲，還把美酒擺在帳前供軍士們共飲。

張郃在山上見到這種情景，再也按捺不住出營殺敵的心情，帶兵連夜趕下山，直襲蜀營。當張郃衝進張飛的營帳時，只見帳中端坐著一位大漢，張郃舉槍便刺，哪知那只是個草人。結果，魏軍誤中了張飛的埋伏，張郃被打得大敗而歸，曹軍的宕渠寨、蒙頭寨、蕩石寨全被張飛奪得。

洞悉人性，就是成功的捷徑

每個人在生活習慣與性格上都有缺點和弱點，若能改正當然最好，但如果不行，善用自身弱點設下計謀，使敵手誤判形勢進而掉入陷阱，也是不錯的做法。像張飛素以飲酒誤事聞名，但宕渠山之戰中，他卻利用「喝酒誤事」這個缺點把驍勇善戰的張郃誘出了大寨，眞可說是酒中出奇謀！

由此可見，一個人若能深入了解自身的弱點，並正確地加以利用的話，弱點常可以轉成爲你贏得勝利的優點。

人情留一線，日後才有轉圜空間

法國思想蒙田說：「超過尋常限度的行為，都會引來惡意的解釋，因此，我們要保持冷靜的理智，避免走向任何極端。」

人世間的變化，經常出乎我們的預料，殊不見，信誓旦旦要不惜爲你獻出生命的人，可以在幾天以後就將你拋棄，而揚言跟你誓不兩立的人，也可能在幾天之後，跟你化敵爲友。

因此，凡事不要做得太絕，人情留一線，日後才有轉圜空間。

建安七子之一的陳琳，原先在北方軍閥袁紹手下當書記官。當時，勢力最龐大的袁紹野心勃勃，見到曹操在亂世崛起，感到對自己威脅頗大，便把矛頭對準了他。為了討伐曹操，袁紹命令陳琳寫了一篇《為袁紹檄豫州》的檄文。

陳琳在檄文中慷慨陳詞，歷數曹操各種罪狀，並且痛罵了曹操的祖宗三代，檄文最後號召天下州郡共同起兵，討伐曹操。

當時，曹操常常偏頭痛。有一次，曹操頭又痛了，正好侍從送來陳琳起草討伐他的檄文，儘管曹操很討厭其中的內容，卻又為它精采的文筆打動，越讀越興奮，竟然不再感到頭痛了。後來，曹操得知這篇檄文是陳琳寫的，覺得像他這樣有文才的人竟為袁紹所用，實在非常可惜。

袁紹驕橫但卻平庸無能，最後終於在官渡之戰被曹操打敗，陳琳也改而投靠曹操。有一次，曹操忽然想起這件舊事，便責問陳琳：「你當初替袁紹寫檄文，罵我也就罷了，為什麼還要罵我祖宗三代呢？」

陳琳連忙謝罪說：「當時的情況就像是箭已經搭在弓弦上，不得不發射出去，於是就罵個徹底。」曹操聽陳琳這樣回答，覺得不無道理，也就不再追究這筆舊帳，反而更加器重他，讓他擔任司空參謀祭酒。

洞悉人性，就是成功的捷徑

法國思想蒙田說：「超過尋常限度的行為，都會引來惡意的解釋，因此，我們要保持冷靜的理智，避免走向任何極端。」

不管在什麼地位、立場，當然都應該堅守自己的本分，但是，凡事適可而止，不要爲了表現自我而做得太過火，逼不得已要罵人的時候也要留點口德，千萬不要太認眞。

陳琳身爲袁紹的臣子，職責所在，理所當然該爲袁紹認眞辦事，以對袁紹最爲有利的方向做考量。但是，他爲袁紹作檄時卻刻意賣弄文采，痛批曹操之餘，連曹操的祖宗三代都不放過。所幸曹操愛惜他的人才，縱使心中不悅，仍願意聽陳琳解釋，理解他的立場及權宜之計，而不計前嫌。如果陳琳遇到的是一個心胸狹隘、反覆無常的人，腦袋恐怕早就搬家了。

靈活多變，見什麼人上什麼菜

做人必須要有「心眼」，唯有靈活多變，懂得針對不同的對象調整自己的應對之策，方能讓自己更好地在社會上生存。

所謂見什麼人上什麼菜，其實就是說要懂得隨機應變，根據不同對象採取不同應對方式。

做人固然要有原則，但「人心叵測，人世複雜」，過度堅持原則，過於死板不知變通，不但會經常遭遇挫敗，甚至會自己把自己逼入死胡同。

活學活用三國行事謀略

《世說新語》記載了這麼一則故事：

許允擔任吏部侍郎時，大多任用自己的同鄉，魏明帝曹叡聽說後，便派虎賁衛士去拘捕他。

許允即將被帶走之時，他的妻子趕了出來，告誡他說：「明主可以理奪，難以請求。」意思是讓許允向皇帝申明道理，而不要寄希望於哀情求饒。因為，依魏明帝的行事風格，求情不一定有用，只有以理說話，才能讓自己平安無事。

魏明帝審訊許允的時候，許允直率地回答：「陛下規定的用人原則是『舉爾所知』，我的同鄉正是我最瞭解的人，陛下可以考核他們是否稱職，如果不稱職，我願意接受應有的懲罰。」

魏明帝派人對許允所任用的人進行考核，結果都很稱職，便釋放了許允，還賞了他一套新衣服。

許允提拔同鄉，是根據魏國的薦舉制度，不管此舉妥不妥當，都合乎皇帝所認可的「理」。

許允的妻子深知跟九五之尊的皇帝打交道，難於求情，卻可以據理力爭，於是叮囑許允以用人稱職之「理」，來抵銷提拔同鄉、結黨營私之嫌。由此不難看出，許允的妻子頗有「心眼」，善於根據對象的身分地位選擇說話方法！

任何道理都不是絕對的，必須針對不同的情況靈活變通運用，做人做事也同樣如此，要懂得「見什麼人上什麼菜」，千萬不要以爲在一個人身上有效的策略，也必定可以運用到所有人身上。

唯有靈活多變，懂得針對不同的對象調整自己的應對之策，方能讓自己更好地在社會上生存。

溝通需要一點心理戰術

同理心的運用，不是為了騙取認同或服從，因為一旦敷衍了事，反撲的力量是不可輕忽的。

歌德曾說：「決定一個人的一生，以及整個命運的，只是一瞬之間。」

那「一瞬之間」指的是你的態度、你做事的方法；每個人都有相同的目標，卻因選擇的道路不同，走路的方式不同，結果也有了天壤之別。

愚蠢的人爲了無謂的小事而浪費光陰，聰明的人卻善於運用人性的心理達成目標，因爲他們知道，解決事情的方法永遠不只一個。

西元一四七年，出身名門閨秀的梁瑩，從眾多佳麗中脫穎而出，即將成為東漢桓帝的第一任皇后。

當時，為了確保龍子龍孫的「優生」，宮裡已經有了針對皇后和妃子進行的婚前檢查，由一位名叫吳姁的女官，執行這項任務。

吳姁奉旨來到梁府，在深閨中，她先觀察了梁瑩的外貌形態，接著再閉緊門窗，進一步深入檢查。

當吳姁要求梁瑩脫光衣服時，金枝玉葉的梁瑩，平日獨自洗澡慣了，連自己也不敢多看自己的身體一眼，如今竟然要在別人面前脫光衣物，自然是堅決不從。

奉旨行事的吳姁，心急地說：「這是皇家規矩，不可違抗啊！」

但是，不管吳姁如何好說歹說，梁瑩仍然不肯依從。這時，吳姁眉頭一皺，湊近梁瑩的耳邊，小聲地說：「恭請皇后遵照皇帝旨意和皇家規矩行事。」

梁瑩聽到「皇后」二字時，心中微微一震，登時放棄了堅持，脫掉了上衣，然而當她脫到僅剩一件貼身衣物時，又忍不住猶豫起來。

於是，吳姁再次靠近梁瑩，說：「皇后冊封的盛典，已經迫在眉睫，不容再作拖延，還請皇后恕罪，請皇后恕罪！」

就這樣，吳姁一面親手幫她除去衣物，迅速地完了檢查。

洞悉人性，就是成功的捷徑

為了取得別人的信任，我們不也經常利用這樣的「同理心」，以話語之中的暗示來取得別人的認同？

同理心，也可以說是將心比心，是把溝通者的思考，轉移到他最能感受與認同的角度。但是，同理心的運用，不是為了騙取認同或服從，因為一旦充滿權謀，反撲的力量是不可輕忽的。

像經營公司，面對員工時，心理的轉化是很重要的。有時候，我們可以請員工換個角度替老闆想想，而老闆也在不損害同仁利益時，推心置腹地為員工設想。以相互體諒的「同理心」，為公司創造彼此的雙贏，這才是最好的溝通技巧。

別用多才缺德的小人

許多傑出的管理專家都強調，選用人才的時候，必須堅持一個共同而客觀的標準，這個標準就是要堅持德才兼備。所謂的德，指的是一個人的操守品德；才則是指智慧才幹等。

人才有兩種類型，一種是理論型，一種是事業型。不管是哪類型人才，唯有不斷累積知識和經驗才能脫穎而出。因此，德才兼備的人才，事實上是經過不斷的學習和磨練而形成的。

中國古代的人才運用術，一言以蔽之，就是領導統御的關係。

用人之際，才與德兩者都很重要，但是選用的人才，如果同時具備高貴的品德，則尤其可貴。宋代名政治家兼文學家司馬光在《資治通鑑》中認爲：「取士之道，當以德為先，其次經術，其次政中，其次藝能。」

在他看來，選用人才的重要原則，應該是把德行的考核放在首位，然後是經術，然後是政事，其次才是藝能。這種以德行爲重的說法，事實上也反映了中國古代選用人才的傳統思想。

活學活用三國行事謀略

諸葛亮在「隆中策」中預見天下三分，充分顯了他的智慧才幹，後來「鞠躬盡瘁」效忠於蜀漢，更展現出他的高風亮節。他個人行徑如此，在選用人才時也是以德才兼備做為準則。

諸葛亮第一次北伐前，曾向蜀漢後主劉禪上疏，即有名的《前出師表》。裡頭強調說：「親賢臣，遠小人，此先漢所以興隆也；親小人，遠賢臣，此後漢所以傾頹也。先帝在時，每與臣論此事，未嘗不歎息痛恨於桓、靈也。」

桓帝和靈帝都是東漢末年的皇帝，兩人都寵信宦官、重用外戚，任由宦官外戚專政，兩派人馬相互傾軋之下朝政腐敗，民不聊生，社會動盪不安，造成後來群雄並起，相互攻伐，從而形成三國鼎立的局面。

諸葛亮上《前出師表》之時，劉備已經病逝白帝城多年，他悉心輔佐後主，因此在出師北伐之前，總結了前漢與後漢的經驗教訓，藉以告戒後主劉禪，不要「親小人，遠賢臣」，而要「親賢臣，遠小人」，如此才能使蜀漢興隆，進而消滅曹魏，光復漢室。

洞悉人性，就是成功的捷徑

選人應該以品德爲先，其次才是才學，就是要防止重才輕德的現象出現。有才而缺德，這樣的人終究只是奸才、歪才、邪才、刁才。

當然，在要求表現的現代社會裡，光有品德而沒有才能的人，根本不可能會成爲國家或企業的棟樑。有德而無才的人，只是忠厚老實的人，他們往往盡心盡力，任勞任怨，但缺乏才氣，很難成就輝煌的事業。

綜觀古代的用人哲學與現今的時勢潮流，新時代的選拔人才，有三個更積極的標準：一是品德，二是器量，三是才幹。

品德，即剛直無私，忠誠廉潔，但不能只是庸碌無爲，如果無人誹謗也無人讚揚，那就稱不上是人才。

器量，指能夠虛懷若谷地接受正確的意見，以寬闊之心容納賢才，而不能只是城府深沉，喜怒不行於色。

才幹，是指才華洋溢，充滿智慧，能夠隨機應變，而不是口齒伶俐，只會賣弄小聰明的狡詐之徒。

只有這三條標準兼顧，才能選出眞正的人才。否則，即使有精明的頭腦、過人的的才能，也不能委以重任的。當然，要成就一番偉大的事業，要選出眞正德才兼備的人才，首先，領導者本身就必須是一個德才兼備的人。

因爲，識賢需賢人，同樣的，選賢也必須是賢人。領導者是什麼樣的人，往往決定了他會選出什麼類型的「人才」。

勇於探索，才能找到「好貨」

每個人的天賦都如黃金般珍貴，也如黃金般深埋在「礦藏」之中，難以發掘。要找出這珍貴的天賦，就要勤於探索。

中國近代文學家蔡平曾經說過這麼一句話：「天賦是埋藏在礦裡的黃金，才能是挖掘礦藏的礦工。」

爲什麼黃金這種東西，從古至今，在不同的時代與不同的民族當中，始終都是珍貴、極具價值的寶物呢？

因爲黃金雖然光輝耀眼、易於鍛造，但是發掘黃金是件不容易的事，所以數量不多，十分罕見。

事實上，自然界中所有的黃金數量，遠遠大於被人發現的數字。我們會覺得黃金罕見，是因爲我們不知道它在哪裡，不知道該到哪裡發掘它。

其實，人的天賦也如同這些深埋於礦藏中的黃金一般，除了少數的幸運分子之外，它們大多隱而不見，不被人注意。

要挖掘它們，讓它們的價值顯現出來，是需要才能的。

活學活用三國行事謀略

東漢靈帝在位時，文學家蔡邕在朝為官。

蔡邕為人正直，性格耿直誠實，對於一些不合理的現象，總是敢於直言相勸。頂撞的次數多了，漢靈帝漸漸討厭蔡邕。

再加上靈帝身邊的宦官對他的正直又恨又怕，常在靈帝面前進讒言，使蔡邕的處境越來越危險。

蔡邕自知已成了靈帝的眼中釘、肉中刺，隨時有被加害的危險，於是就打點行李，沿水路逃出京城，來到遠方的吳地隱居起來。

蔡邕通曉音律、精通古樂，尤其擅長彈琴，對琴很有研究，關於琴的選材、製作、調音，都有一套精闢獨到的見解。

他從京城逃出來的時候，捨棄了很多財物，但就是捨不得丟下家中那把心愛的古琴，於是將它帶在身邊。

隱居吳地的那些日子裡，蔡邕常常撫琴，藉著琴聲抒發自己壯志難酬反遭迫害的悲憤，感嘆前途渺茫的悵惘。

有一天，蔡邕正坐在房裡撫琴長嘆，女房東在隔壁的廚房裡燒柴做飯，她將木柴塞進爐灶裡，頓時火星亂迸，木柴被燒得劈哩啪啦響。

忽然，蔡邕聽到隔壁傳來一陣清脆的爆裂聲，不由得心中一驚，抬頭豎起耳朵細細聽了幾秒後，大叫一聲「不好」，跳起來就往廚房跑。來到爐火邊，也顧不得火勢多大，伸手就將那塊剛塞進爐灶裡當柴燒的桐木拖了出來，大聲喊道：「別燒了，這可是一塊難得一見的好材料啊！」

蔡邕的手被燒傷了，但他並不覺得疼，只是驚喜地在桐木上又吹又摸。好在搶救及時，桐木還很完整，蔡邕就將它收了下來，經過精雕細刻、費盡心血後，終於將這塊桐木做成了一把琴。

這琴彈奏起來，音色美妙絕倫、蓋世無雙。

之後，這把琴流傳下來，成了世間罕有的珍寶。由於它的琴尾被火燒焦了，人們便稱它為「焦尾琴」。

洞悉人性，就是成功的捷徑

蔡邕爲了搶救這一塊極具價値的木料，不惜燒傷自己的手，但是這樣的犧牲，在他眼中是値得的，因爲他發現了這塊木頭的用處，從火舌中將它拯救回來。

當然，這塊木頭也沒有辜負蔡邕的慧眼，憑藉著天生的材質，成爲一把音色極美、舉世無雙的名琴。

若不是蔡邕的慧眼，女房東的灶裡不過又多了一塊燒火的木柴，等到燃盡，它就再也沒有用處了。

同樣的道理，一個擁有出色天賦的人，若沒有人賞識，自己又不知好好利用自己的長處，那麼也會在還沒有發揮出自己的天分前，便化爲灰燼或被棄於荒野，絲毫沒有人會爲他感到可惜。

其實，自然界孕育過多少豐富的生命，在森羅萬象、無所不包的世界裡，能做焦尾琴的木頭一定不少，但是，像蔡邕這樣的人卻很難得。

每個人的天賦都如黃金般珍貴，也如黃金般深埋在「礦藏」之中，難以發掘。要找出這珍貴的天賦，就要勤於探索、勇於發掘。

不然，即便過了數十個寒暑，直到我們變成了塵土，回歸大地，這珍貴的天賦也不會被人發掘，只會白白浪費掉。

散發自信光彩，就會人人喜愛

何不讓自己成為光芒四射的太陽？不要做只能反射日光的月亮，更不要只成為一株空隨日轉的向日葵，生命不論悲喜，自己都當是主人。

愛美是人的本性，卻害苦了古今中外的無數女性。

日前聽到有人爲了讓身材變得高挑，竟然不惜將腿骨鋸斷，打上螺絲鋼釘讓骨頭拉長，這種整形也未免太過火了吧？

這種不惜傷害身體所帶來的美，眞的值得嗎？

如果女孩子打扮只是爲了取悅他人，那麼所得到的快樂相信也一定是短暫的，因爲只要有一點點委屈或自我犧牲的感受，縱使眼前百般地說服了自己，最後這些許的快樂仍會被消磨殆盡，只餘下悔恨與痛苦。

歷史上以色事人的悲劇，多得不堪勝數，例如三國時代曹丕的妃子甄宓，以善梳「靈蛇髻」且容貌美麗而聞名，然而再怎麼樣的巧手與精心裝扮，當她年老色衰時，終究逃不過失寵身亡的命運。

活學活用三國行事謀略

東漢末年，上蔡縣令甄逸有個小女兒名為甄宓，長得非常漂亮，因而受到全家寵愛。有天，一個算命先生來到甄家，自稱未卜先知，能算出一生凶吉。甄夫人非常相信此道，請他逐一為自己和女兒看相算命。

算命先生見到漂亮的甄宓之後，大吃一驚，直說她的相貌貴不可言，將來必定是一位貴夫人。甄夫人聽了高興極了，從此也特別留心，想要為甄宓找一個有權有勢的夫家。

當時，出身於四世三公大官僚家庭的袁紹擔任冀州牧，聲勢如日中天，他第二個兒子袁熙還未成親。甄家便託人去說親，袁熙聽說甄宓美麗無比，而且是官宦人家出身，頗為心儀。

就這樣，甄宓便嫁入袁家，成為袁家婦。

袁紹握有北方四州之地，他三個兒子也各領一州，可惜好景不長，公元二〇〇年，袁紹在官渡戰爭中被曹操打敗，沒多久就病死了。曹操隨即揮師北上，大軍包圍鄴城。

當時，袁紹的夫人劉氏和甄宓同住在鄴城。曹操的兒子曹丕破城後進入袁府，見到甄宓之後，驚為天人，不只百般殷勤，更留下一隊衛兵專責保護袁府，不准外人闖入。劉氏目睹曹丕的舉動暗暗高興，心想兩人的性命得以保住了。果然，不久曹丕即稟明曹操，派人將甄宓接到自己府裡，並與她成了親。

曹丕對甄夫人寵愛無比，百依百順。後來，曹丕滅漢稱帝，建立了魏國，甄宓也被立為皇后。當時她已經四十歲，為了使曹丕長久寵幸自己，每天早晨都要花上許多時間來打扮自己。

據說，每當甄皇后梳妝打扮的時候，有一條嘴裡時含著紅珠的美麗青蛇會來到她面前，盤成奇巧的形狀。

這蛇每天盤一個形狀，從來不重複，於是，甄皇后就每天模仿它的形狀梳頭，人稱「靈蛇髻」。甄皇后的打扮每天都有不同的風情，但是，隨著年華消逝，即使再精緻巧妙的梳妝，也無法改變甄皇后失寵的命運。

後來，曹丕冊立年輕的郭皇后替代了她的地位；她幾度不滿抗議，終於惹怒了曹丕，最後被下詔賜死。

洞悉人性，就是成功的捷徑

自古有云：「以色事人者，色衰而愛弛。」以美色得到恩寵，待年老色衰之時，便很難再保持原來的地位。

甄宓為了得到曹丕的寵愛，費盡了心思，每天辛苦地打扮自己，取悅曹丕，但是即使「靈蛇髻」的梳妝技法如何巧妙，也無法長久留住曹丕的心。

人都是如此，面對心儀的對象，自然希望自己的裝扮衣著，讓對方覺得好看，可是兩人的相處，除了外貌之外，更重要的是彼此的心意。

外在的美，終究會衰老，內在的美卻能歷久彌新，只有眞心地彼此相待，爲對方設想，雙方的情感才能長久。

爲人處世也是如此，希臘哲學家蘇格拉底便說：「不要靠餽贈來獲得一個朋友。你必須展示真摯的情感，學習怎樣以正當的方法來贏得一個人的心。」

如果我們渴求的是一份眞心，那麼就不該只在外表上做文章，如果自己不看重自己，別人自然會瞧輕了你。

多愛自己一點，自己就會變得更可愛；可愛的你，散發出自信的光彩，別人又怎麼會不喜愛你、想親近你呢？

或許人終究還是喜歡向著光，那麼，何不讓自己成爲光芒四射的太陽？

不要做只能反射日光的月亮，更不要只成爲一株空隨日轉的向日葵，生命不論悲喜，自己都當是主人。

與其**沉默面對**，不如用**幽默巧妙化解**

用幽默代替沉默

的應對智慧

USE HUMOR TO DEFUSE SILENCE

塞德娜 編著

法蘭西斯．培根曾說：

當我們面對不知如何因應的尷尬場面，
與其沉默面對，
還不如用幽默巧妙化解。

的確，用幽默積極因應不知如何應對的尷尬場面，
永遠比用沉默消極面對的效果要好上許多，因為，面對自己不想面對的問
問題並不會消失不見，但是，如果懂得用幽默化解，問題就會立刻迎刃而
懂得幽默的人，知道如何用幽默的話語回應自己不想回答又不得不答的
懂得幽默的人，知道如何透過幽默化解讓自己尷尬的處境。
懂得幽默的人，知道如何用幽默面對原來只能沉默以對的問題。

智謀經典

55

活學活用三國厚黑學

作　　者　公孫先生
社　　長　陳維都
藝術總監　黃聖文
編輯總監　王郡凌
出 版 者　普天出版家族有限公司
新北市汐止區忠二街 6 巷 15 號
TEL / (02) 26435033 (代表號)
FAX / (02) 26486465
E-mail：asia.books@msa.hinet.net
http://www.popu.com.tw/
郵政劃撥 19091443 陳維都帳戶
總 經 銷　旭昇圖書有限公司
新北市中和區中山路二段 352 號 2F
TEL / (02) 22451480 (代表號)
FAX / (02) 22451479
E-mail：s1686688@ms31.hinet.net
法律顧問　西華律師事務所・黃憲男律師
電腦排版　巨新電腦排版有限公司
印製裝訂　久裕印刷事業有限公司
出 版 日　2022 (民 111) 年 8 月第 1 版
ISBN◉978-986-389-834-4　　條碼 9789863898344

國家圖書館出版品預行編目資料

活學活用三國厚黑學／
公孫先生著.—第 1 版.—：新北市,普天出版
民 111.8 面；公分. - (智謀經典；55)
ISBN◉978-986-389-834-4 (平裝)

普 天 之 下 · 盡 是 好 書
普天出版家族
Popular Press Family
凌雲文創
A-Plus Creative Company